# 新TOEIC® TEST
# 単語 特急

エッセンス・イングリッシュスクール講師
森田鉄也



朝日新聞出版

編集協力 —— Karl Rosvold
Laura Bovee
秋庭千恵

録音協力 —— 英語教育協議会（ELEC）
Howard Colefield
Nadia McKechnie

## はじめに――どうしてこの本を使ってほしいのか？

最初に言っておきますが、僕は小中高と普通の公立校出身です。御三家なんて言葉も知らなければ中学受験などというものがあることすら知りませんでした。普通の公立学校で普通の学力でした。親戚の中に医者も弁護士も大学教授も難関大学出身者もいません。そんな僕が慶應、東大と進み、TOEICでも満点を取れました。

私費でアメリカに留学もしました。僕の家はお金持ちでもありませんでしたから、留学資金を作るためにしたバイトの数は半端じゃありませんでした。1年間で300万円貯めるために、週7日、毎日5時間寝る時間を確保し、朝も昼も夜もない、働きづめの生活をしました。このころは毎日金縛りにあいました（体が疲れているとなるそうです）。最高でバイトを5つ掛け持ちしたことがあります。必死な感じがお客様にも伝わったからなのか、某大手電器店では売り上げトップの販売員になったこともあります。

そんなにがんばることができたのは、大学浪人時代に、「カリスマ予備校講師になる」という目標を立てたからです。

当時習っていた予備校の先生が東大出身だったため、カリスマ予備校講師になるために「東大に行こう」と決めました。当時、志望校にしていた私立の大学もE判定D判定でしたので、まわりは無理だと思っていたでしょう。けれど、当時の僕は本気でした。そして、一度目標を決めてからは、そのための手段をとことん考え、それを徹底的にやり抜きました。

とはいえ、ただの冴えない高校生がやみくもに努力しても結果は出ません。同じくらい低い成績から合格した人たちの勉強方法を徹底的に調べ上げ、一番効率のよい方法を探って、一切のムダを省いた方法で勉強を始めたのです。

こんなことをTOEIC対策本のはじめにご紹介してしまったのは、いくらスコアが低くても、正しい方法で勉強をすれば、誰にでもスコアは上げられることを感じてもらいたかったからです。

ぼくは、生徒さん達のスコアを上げるための情報を仕入れるべく、満点をとってからも毎回TOEICを受け続け、精緻(せいち)に分析してきました。

本書は、そこから導いた結論とノウハウを具現化した対策本です。

ある程度のスコアを狙うとき一番重要なのは、TOEICの頻出語彙(ごい)をおさえることです。

TOEICの問題に登場する単語は、繰り返し使われることがわかっています。そして、リスニング問題であれ、リーディング問題であれ、読んだことがある単語、聴いたことがある単語が多ければ多いほど、より速く、より正確に正解を出すことができるのは当然です。

本書では、「正解」はもちろん「選択肢」に至るまで、TOEICでよくキーワードとなっている単語をパズルピースのようにはめ込みました。１冊全体を通して TOEIC 語彙攻略という1つのテーマに向かって構成してあります。

皆さんは、「TOEIC のスコアを上げる 」という目標をお持ちだと思います。そして、本書を手にした時点で、「スコアを上げるための手段」も整ったことになります。

目標と手段がそろったら、あとはトコトンやるだけだと思います。

こと TOEIC の分析と対策についてだけは、この本を信じて、だまされたと思ってやってみてください。次にご紹介するトレーニング方法に則って、繰り返しトレーニングすれば、必ず結果が出ます。

**本書で用いられる記号表記**

森田による補足解説

| | | | |
|---|---|---|---|
| 動 | 動詞 | 前 | 前置詞 |
| 自 | 自動詞 | 接 | 接続詞 |
| 他 | 他動詞 | 類 | 類義語・類義表現 |
| 名 | 名詞 | 反 | 反意語・反意表現 |
| 形 | 形容詞 | 略 | 略語 |
| 副 | 副詞 | | |

# もくじ

Training Program!

# 第0章
# トレーニング・プログラム

## 超スコアUPという充実のゴールを迎えるために

## 1 「スコアアップにつながる単語力」とは何かを確認する

まずはスコアに直結する単語力をつけるためのポイントを押さえましょう。第1章の問題を解いていけば、それが確認できるようになっています。そのポイントを実感してからはじめてください。

## 2 実践トレーニング

**① 時間を測って問題を解く**

本書は、Part 5形式の問題を解きながら単語力をつける方法をとっています。

その際、ただ漫然と問題をこなすだけではいけません。TOEICでPart 5の問題にかけられる時間は、1問あたり平均20秒です。

それぞれの問題の解答目標タイム内に解けるよう、時間を意識して取り組んでください。

ストップウォッチや置き時計がない状況でしたら、腕時計でもけっこうです。時間を測って、速さを追求することが必要です。

TOEIC本番の際に要求されるスピードとリズムが養成されます。

また、単語を覚える観点からも、ある程度の緊張感を持った状態で解いた方が、記憶に残りやすくなります。

たとえば、3日前の夕食に何を食べたか、思い出してみてください。もし、いつもの夕食だったならば、何を食べたかまでは思い出しづらいかもしれません。でも、もし誰かと外食をしていた人なら、何を食べたか思い出しやすいはずです。楽しかったり、少し緊張していたりすると、記憶に残りやすいのです。

学習をする際にも、その記憶の性質を利用し、「目標時間以内にやる」という外圧をかけ、緊張感を持って取り組んでください。

### ② 解説を読む

「どうしてその答えに結びつくのか、どこに目をつければ正答にたどり着くのか」、その道筋を確認してください。

論理的に理解すると、覚えた知識同士が有機的に結びついていきます。それらが使えるスキルになっていくのです。

## 3 記憶定着トレーニング

### ① グルグル勉強法を取り入れよう

重要語句、選択肢にはチェック項目がついています。

まず、自分の知らない語句、覚えていない単語をはっきりさせましょう。覚えた単語にはチェックを入れて、最終的にこの本のチェック項目がすべて黒くなるまで続けてください。

そして、復習する際は、覚えていない単語のみに集中してください。

完全に覚えた単語に時間をかける必要はありません。復習すればするほど、覚えていない単語が減っていき、復習時間も短縮されます。時間を短縮できた上に、自分の弱点の補強をできるのですから、これほど効率のいい勉強方法はありません。覚えていないものだけを効率よく記憶する**グルグル勉強法**（弁護士でTOEIC満点保持者の中川徹氏が命名）といわれる勉強法です。一度この本をやると決めたら他の本に浮気せずに、本が真っ黒になるまで使ってください。

※各問題の下欄に、グルグル復習をやって日付を記入する欄があります。5周目までの欄を用意していますが、5周はあくまで目安です。5周してもあやふやな単語があったら、余白に日付を記入して覚えきるまでやってみてください。結果は必ずついてきます。

### ② 五感を活用して覚えよう

耳で覚えることもとても重要です。

朝日新聞出版 HP（**http://publications.asahi.com/toeic/**）から、無料音声ファイルをダウンロードして活用してください。

何度もくり返し聴くことによって、覚えたての単語が、短期記憶から長期記憶に移行していきます。

一度長期記憶にインプットされれば、掛け算九九のように、忘れない記憶となります。

単語を覚えるときに何度も意味が分かるかテストをしたり、声に出したり、書いたりしたりしている人は多いですよね。これはもちろんいいことです。

これに加えて耳も使って、「何度も聴く」ということが最近は手軽にできるようになりました。ぜひ、MP3プレーヤーなどを使って、通勤・通学時間なども有効に活用してください。

五感をフル活用する学習が一番有効な手段です。

### ③ 点から線へ

最後に記憶力を高めるものとして、カテゴリー化という作業があります。簡単にいえばグループ分類して記憶することです。単語とその意味を覚えた後、つまり、単語という1つの点を作った後に「類義語・反意語・同じ接辞を持つ語・語形の違うもの」といった別の点とつなげることによって点が線になり、頭の中で知識の体系化がなされます。本書ではWord Networkと題し、解説ページにまとめてあります。

ここまでくれば、身につけた単語は単なる知識ではなく、自由自在に使いこなせるあなたのスキルに変化させることができるのです。

Pinpoint!

## 第１章
# 「スコアUPにつながる単語力」をつける８題

# スコア直結の押さえるべき核心

くどくなってしまいますが、学習をはじめる前に注意していただきたい点があります。
どこに注意して取り組めば、ムダのない、**直接スコアにつながる学習**になるか、ポイントを知っていただきたいということです。

筋トレでも、そのトレーニングが腹筋に効くのか、上腕二頭筋（じょうわんにとうきん）に効くのか、成果を上げたい部分を意識してやるのと、ただ漫然とやるのとでは、筋肉の成長にもはっきり差が出るといいます。

せっかくTOEICの対策学習をするなら、**明確にスコアアップを意識するのです**。

具体的にはどうすればよいのでしょうか？
本書の目的は、TOEICの語彙をマスターすることです。

そして、ひと口に「単語力」といっても2通りの単語力があります。

ひとつは、**「ただの単語力」**。
もうひとつは、**「スコアアップにつながる単語力」**です。

「ただの単語力」では宝の持ち腐れ、雑学と同じです。
**皆さんがすでに持っている単語の知識を「スコアアップにつながる単語力」に変換する**ために、本書をお使いください。
本書では、冒頭から「スコアアップにつながる単語力」を意識してもらうために、まずチェックポイントの例題を解いてもらいます。

さあ、はじめましょう!!

スコアアップ 1

## 簡単な語でも使い方まで覚えよう！

**1.** ------- employees planning to attend the seminar have to sign up no later than April 10.

(A) Each

(B) Every

(C) All

(D) Another

☑ **employee** 名「社員・被雇用者」に関する頻出語 反 employer 雇用者
-eeはされる人、-erはする人を表します。
trainer 指導者 trainee 研修生
interviewer 面接官 interviewee 面接を受ける人
☑ **plan to do** ～する計画をたてる 類 plan on doing
☐ **attend** 動 ～に出席する
☑ **seminar** 名 セミナー、研修会
☑ **have to do** ～しなければならない
☐ **sign up** 登録する 類 register
☑ **no later than A** Aまでに 類 by A

## 1. (C) All

**1.** 選択肢を見ると後に名詞をとる数量詞が並んでいます。

**2.** 後の名詞を見ると employees という複数形の名詞があります。

**3.** 後に複数形の名詞をとれるのはの all だけです。each、every も「それぞれの」という意味がありますが、each employee、every employee のように、後ろに単数形の名詞をとります。

another を分解すると an+other となり、単数の名詞を修飾します。another employee「他の社員（1人）」。

ただし、これらが時間表現と一緒に出てくる場合は注意が必要です。

another も another 10 minutes / 2 days「あと10分・あと2日」のように時間がくる場合は後に複数形の s がついた名詞を置くことができます。また every 10 minutes「10分おきに」は every の後に複数名詞をとります。every other day「1日おきに」のような every other 単数名詞「～おきに」も重要表現です。

**訳▶** セミナーに出席しようと思っている社員は皆、4月10日までに登録をしなければならない。

**Word Network**

A **each** 形 それぞれの 名 それぞれ・各々

B **every** 形 それぞれの

数や量を表す言葉は名詞としても使えることが多いですが、every は名詞になれないので要注意です。

C **all** 形 すべての 名 すべての人・すべてのもの

D **another** 形 他の・別の 名 もう1つ・もう一人

スコアアップ **2**

## 動詞は「自動詞か他動詞か」を意識しよう！

**2.** According to yesterday's news report, the Asian economy is going to ------- soon.

(A) replace
(B) recover
(C) reduce
(D) receive

☑ **according to A** Aによると
☑ **news report** 名 ニュース報道・記事
**report** 名 報告（書） 動 報告する
☑ **economy** 名 経済
☑ **be going to do** ～しようとしている・～するつもりだ
☑ **soon** 副 すぐに

**狙われる盲点**

report to A「Aに報告する」という意味は有名ですが、TOEICでは次の2つの意味でも問われます。

Aに出向く ➡ report to the headquarters「本社に出向く」
Aに直属する ➡ Sherry reports directly to Mr. Okada.
「シェリーはオカダ氏の直属の部下です」

## 2. (B) recover

1. 選択肢には re- からはじまる動詞が並んでいます。

2. 空欄の後ろには soon「すぐに」という副詞があるだけなので、後ろに名詞をとらなければならない他動詞はここには置けません。

3. reduce「～を減らす」、replace「～を交換する」、receive「～を受けとる」は通常他動詞です。それに対し、recover「回復する」は自動詞なのでここに置くことができます。

**訳▶** 昨日のニュース報道によると、アジア経済はすぐに回復する見込みだそうだ。

**Word Network**

A **replace** 動 ～を交換する

**replace A with B** AとBを交換する 類 exchange A for B

re-は「また」、placeは「置く」という意味なので「置き換える」ということです。

B **recover** 動 回復する

**recovery** 名 回復

re-は「また」、coverは「カバーする」なので「けがした部分を皮膚がまた覆う」というのが語源です。

⇒ まとめて覚えたい重要語

discover 動 ～を発見する　discovery 名 発見

uncover 動 ～を明らかにする 類 reveal, unveil

C **reduce** 動 ～を減らす 類 lessen

**reduction** 名 削減

D **receive** 動 ～を受けとる

**receiver** 名 受話器

**recipient** 名 受取人

**reception** 名 受付・歓迎会・電波の受信状況

**receptionist** 名 受付係

-ceive、-ceptは「受けとる」ことを意味します。

グルグル 1 12月17日 | 2 月 日 | 3 月 日 | 4 月 日 | 5 月 日

スコアアップ 3

## 他動詞がどんな目的語をとるか覚えよう！

**3.** Several of the section managers urged their workers to ------- participating in this week's training session.

(A) demand
(B) consider
(C) complain
(D) request

☐ **section manager** 課長
☐ **urge A to do** Aに～するよう促す
☑ **participate in A** Aに参加する 類 take part in A
☑ **training session** トレーニングセッション・講習会

**狙われる盲点**

several は several customers「数名の客」のように形容詞で使うのが有名ですが、名詞として出題されたこともあります。

several of the customers 「客のうちの何人か」

## 3. (B) consider

**1.** 選択肢には動詞が並んでいます。

**2.** 空欄の後ろには participating という -ing 形の動詞があります。

**3.** 選択肢のなかで -ing 形を後ろにとることができるのは (B) の consider「～を考慮する」のみです。

「**動詞が後ろにどんな形をとるか**」というのは単語学習において非常に重要です。

**訳▶** 何人かのセクション・マネジャーたちは、部下たちに今週の講習会への参加を考慮するよう促した。

**Word Network**

A **demand** 動 ～を要求する
demand that S (should) V (原形)「SがVすることを要求する」
名 需要
requestよりも強い要求です。
**demanding** 形 要求が多い・厳しい
demanding job 厳しい仕事
Our boss is very demanding.「私たちの上司はとても厳しい」

B **consider** 動 ～を考慮する **consider A (as) B** AをBだと思う
類 regard A as B, think of A as B, view A as B, see A as B
類 consider A (to be) B, think A (to be) B, believe A (to be) B

C **complain** 動 不満を言う
**complain to 人 of (/about) A** 人にAについての不満を言う
**complaint** 名 不満
普通は数えられる名詞ですが、不可算名詞で出題されたことがあります。

D **request** 動 ～を要求する 類 require 名 要求
やさしい類義語はask、やや堅い表現の類義語なら solicit「～を請い求める」を押さえておきましょう。
**request A to do** Aに～することを要求する
request that S (should) V (原形)「SがVすることを要求する」

スコアアップ 4

## 自動詞とセットで出た前置詞は必ず覚えよう！

**4.** In order to invest in Goonell Inc. online, you need to ------- for membership with this Website first.

(A) register

(B) attend

(C) assign

(D) rely

☑ **in order to do** ～するために 類 so as to do

□ **invest in A** Aに投資する

**investment** 名 投資

紛らわしい重要語

☑ **invite** 動 ～を招待する

**invent** 動 ～を発明する

**inventory** 名 在庫・在庫の一覧表

take an inventory 在庫調査をする・棚卸しする

□ **Inc. = Incorporated** 名 法人組織（会社名の後ろにつく）

Inc.は「インコーポレイテッド」と発音される場合もあれば「インク」と発音される場合もあります。TOEICでは前者です。

☑ **online** 副 オンラインで 形 オンラインの

☑ **need to do** ～する必要がある

☑ **Website** 名 ウェブサイト・ホームページ

## 4. (A) register

**1.** 選択肢には動詞が並んでいます。

**2.** 空欄の後ろを見ると for からはじまる前置詞句が来ています。

**3.** for を後ろにとって自動詞で使われるのは register for A「Aに登録する」(= sign up for A) です。

**選択肢が動詞で、空欄の後に前置詞がある場合、その前置詞をヒントに自動詞を探します。**

**訳▶** グーネル社にオンラインで投資するには、このウェブサイトで最初に会員登録する必要がある。

### Word Network

A **register** 動 登録する

**registration** 名 登録

registration card「登録証」、registration form「登録用紙」のように、名詞+名詞の形でよく使われます。

B **attend** 動 ~に出席する 類 take part in, participate in, join (in)

**attendance** 名 出席者数・出席

**attendee** 名 出席者 類 participant

**attend to A** Aに注意を払う・Aの世話をする

**attention** 名 注意・注目

**attendant** 名 添乗員

このように動詞の意味と名詞を関連づけると覚えやすいです。

C **assign** 動 ~を割り当てる

**assign A to B** AをBに割り振る 類 allocate A to B

**assignment** 名 課題・宿題

会社や学校で割り当てられた仕事を assignment といいます。

D **rely** 動 頼る

**rely on A** Aに頼る 類 depend on, rest on, count on A

**reliable** 形 頼りになる・信頼できる 類 dependable

**reliant** 形 頼っている 類 dependent

**reliance** 名 信頼・依存 類 trust, dependence

## スコアアップ 5 似た意味の語は整理して覚えよう！

**5.** As of February 1, regular attendance and active ------- at the weekly staff meeting will be required of all supervisors.

(A) attendant
(B) participation
(C) acquisition
(D) joint

☑ **regular** 形 いつもの・常連の 副 regularly 定期的に
☑ **attendance** 名 出席・出席者数
☑ **active** 形 活動的な・積極的な
**actively** 副 積極的に
**activate** 動 ～を活性化する・起動する
☑ **require** 動 ～を求める

狙われる as～

□ **as of A** A現在・A以降は

As of June 3rd, my order has not arrived.
「6月3日現在、私の注文した品物はまだ届いていません」

**as well** ～もまた

not only A but B as well「AだけでなくBも」という形も出題されました。

類 not only A but also B

**as for A** Aに関して 類 as to A

## 5. (B) participation

**1.** 選択肢には名詞が並んでいます。

**2.** 文意をとると会社の「週決めの会議に定期的に出席することと積極的に～することが求められている」とあります。「出席すること」と同列に並べられるのは participation「参加」です。つまり、会議に出席して積極的に発言することが求められる、ということです。attendant は「添乗員」です。attendance「出席・出席者数」との違いに注意しましょう。

**訳**▶2月1日から、管理職は全員週決めの会議に定期的に出席し、積極的に参加することが求められる。

### Word Network

A **attendant** 名 添乗員

**attend** 動 ～に出席する

B **participation** 名 参加

**participant** 名 参加者

**participate in A** Aに参加する

同 take part in A, join (in) A, attend A

take part も participate もあるグループの part「一部」になることです。

C **acquisition** 名 買収

**acquire** 動 ～を手に入れる・～を買収する 類 get, obtain, gain

ac- は前置詞 to の意味をもっていて、-quire は「求める」という意味です。つまり「求めたものに到達する」➡「手に入れる」というのが語源です。

D **joint** 名 結合

**joint venture** 合弁事業

**join** 動 ～に加わる・～をつなぐ

## スコアアップ 6 相性のよい「動詞＋名詞」のセットフレーズを覚えよう！

**6.** Although the schedule is tight, all of my co-workers are striving to meet the -------.

(A) intention

(B) end

(C) deadline

(D) promise

☑ **tight** 形 引き締まった・スケジュールが詰まった

英語ではハードスケジュールではなく tight schedule といいます。

☑ **co-worker** 名 同僚 類 colleague

□ **strive to do** ～しようと努力する

## 6. (C) deadline

1. 選択肢には名詞が並んでいます。
2. 空欄の前を見るとmeetという動詞があります。
3. meetが目的語にとれるのはdeadline「締切」です。meet a deadlineで「締切に間に合う」となります。

訳▶スケジュールは厳しいが、私の同僚は皆、締切に間に合うよう努力している。

### Word Network

A **intention** 名 意図
**intend to do** 〜するつもりだ

B **end** 名 目標・目的 類 aim, purpose, goal, target, objective
**destination** 名 目的地 類 goal, objective
**departure** 名 出発 反 arrival 名 到着
**depart** 動 出発する 反 arrive 動 着く
リスニングパートでdeparture time「出発時刻」を問う問題は頻出です。

C **deadline** 名 締切
**dead** 形 死んでいる
meet a deadline 締切に間に合う
miss a deadline 締切に遅れる
何かを満たすという意味のmeetは頻出です。
meet requirements 要求を満たす
meet needs ニーズを満たす
meet demands 要求を満たす

D **promise** 名 約束 動 約束する
**promise to do** 〜すると約束する
**promise A to do** Aに〜すると約束する

スコアアップ 7

## 相性のよい「前置詞＋名詞」のセットも覚えよう！

**7.** At random -------, Mr. Yoshida makes visits to headquarters to review feedback from the customers.

(A) cautions

(B) expansions

(C) times

(D) priorities

□ **make a visit** 訪問する
□ **headquarters** 名 本社 類 head office
常に -s がつきますが、通常は単数扱いです。
**branch** 名 支社
☑ **review** 動 ～を見直す 名 レビュー・批評
類 criticism ネガティブな批評
☑ **feedback** フィードバック・反応
☑ **customer** 客

## 7. (C) times

1. 選択肢には名詞の複数形が並んでいます。
2. 空欄の前には At random という前置詞と形容詞が来ています。
3. この句と相性がいいのは times で、at random times「不定期に」となります。
at times「時々」も出題されたこともあります。at that time「そのとき」、at the same time「同時に」、at the moment「今のところ」など、at と時間の組み合わせは TOEIC でよく出題されます。ちなみに at random だけでも「無作為に」という意味になります。

**訳▶** ヨシダ氏は、顧客からのフィードバックを見るために、不定期に本社を訪問している。

**Word Network**

A **caution** 名 用心
**cautious** 形 用心深い

B **expansion** 名 拡張
**expand** 動 ～を拡大する・膨らむ 類 extend ～を延ばす

C **times** 名 ～回
Kim has been to Kyoto three times.
「キムは京都に3回行ったことがあります」
ほかにもtimeを使った表現はよく出題されますので覚えておきましょう。
in time 時間内に　on time 時間通りに　at times 時々
by the time SV　SがVするまでに
また、「時々」と訳される表現はたくさんあります。
sometimes, at times, occasionally, (every) now and then, (every) once in a while, from time to time

D **priority** 名 優先　**priority seat** 優先席
**prior** 形 前の
prior to A「Aより前に」＝beforeも重要表現です。

スコアアップ 8

## 見た目の似ている語はまとめて覚えよう！

**8.** According to the company's financial report, Lowrail Ltd. has ------- increased its dividends for six consecutive years.

(A) conveniently

(B) consistently

(C) confidently

(D) confidentially

☑ **according to A**　Aによると

☑ **financial report**　会計報告書

□ **dividend**　名 配当金

divide「～を分ける」から来た言葉です。

**allocation**　割り当て・配当

**allocate A to B**　AをBに割り当てる　類 assign A to B

□ **consecutive**　形 連続した

**five consecutive years**　５年連続　類 five straight years

数字＋consecutive years「～年連続」はよく出る表現です。

## 8. (B) consistently

**1.** 選択肢には con- からはじまる副詞が並んでいます。

**2.** 空欄の前後に has increased という現在完了形、さらに文末には for six consecutive years「6年連続」とあることから、6年継続して配当金を増やしたことがわかります。この文脈と合うのは consistently「一貫して」です。

**訳▶** 会社の会計報告書によると、ローレイル社は配当金を6年連続一貫して増加させたそうだ。

**Word Network**

A **conveniently** 副 都合よく
**convenient** 形 便利な・都合のよい
Is it convenient for you to come to our office tomorrow afternoon?
「明日の午後こちらのオフィスに来られますか」
**convenience** 名 便利・都合

B **consistently** 副 一貫して
**consistent** 形 一貫した
**consistency** 名 一貫性
**consist of A** Aで成り立っている
類 be composed of A, be comprised of A
consist は自動詞、compose、compriseは他動詞です。

C **confidently** 副 確信して
**confident** 形 確信した
**confidence** 名 自信

D **confidentially** 副 内密に
**confidential** 形 秘密の
**confidentiality** 名 秘密性
confident は「自分を信じている」、confidential は秘密を打ち明けられるほど「他人を信頼している」ということから生まれた語です。

Verbs!

# 第2章
# 頻出動詞問題 18

動詞の
コロケーションを
見過ごさない!

頻出動詞問題、18問です。

**18問 × 20秒 = 360秒（6分）**

以内で解きましょう。

中・上級者は、「解答目標タイム」の
合計300秒（5分）以内

を目指してください。

TOEIC は時間配分が勝負の分かれ目です。
Part 5の問題は1問20秒以内で解くことが必要とされます。

TOEIC のリーディングに与えられた時間は75分。

| | | |
|---|---|---|
| Part 5 | 40問 × 20秒 | 13分20秒 |
| Part 6 | 12問 × 20秒 | 4分 |
| Part 7 | 48問 × 60秒 | 48分 |

の時間配分を目標として解けば、10分弱の見直しの時間もでき、余裕を持って解き終えることができます。

もし、Part 5、Part 6で時間を節約できれば、その分 Part 7に時間を使えます。

解答目標タイム 15 秒

**1.** Candidates who apply to LCG Electronics are ------- to submit at least three references.

(A) decided

(B) deserted

(C) expected

(D) exceeded

□ **candidate** 名 候補者・応募者 類 applicant

candidacy「立候補・応募」も出題されたことがあります。

☑ **apply to A** Aに応募する

Aには会社や学校などが入ります。

☑ **submit** 動 ～を提出する 類 hand in

☑ **at least** 少なくとも

□ **reference** 名 照会状・推薦状

## 1. (C) expected

1. 選択肢には動詞の過去形または過去分詞形が並んでいます。

2. 文全体の主語には candidates「候補者」、空欄の直前には be 動詞、後ろには to 不定詞が来ています。このことから、人 be expected to do「人が～するように期待される」という TOEIC 頻出表現が正解だとわかります。

能動態の expect 人 + to do「人に～することを期待する」。これも頻出表現ですので覚えておきましょう。

**訳**▶ LCG エレクトロニクス社の応募者は、少なくとも3通の照会状を提出するよう期待されている。

**Word Network**

Ⓐ **decide**　決める

**decide to do**　～することを決める

類 determine to do, be determined to do ～することを決める

**decide (on) A**　Aを決める　類 determine　～を決心する

Ⓑ **desert**　動 ～を見捨てる　名 砂漠

Part 1 で人が誰も写っていない写真で、be deserted「人けのない」という意味で、正解として使われることがあります。

The park is deserted.「公園には人が誰もいない」

Ⓒ **expect**　～を期待する

**expectation**　名 期待

Ⓓ **exceed**　～を超える

**excessive**　形 過度の

exceed と似ている重要語に excel があります。

excel　動 勝る・秀でる

excel at　～がとても上手だ

excellent　形 すばらしい

excellence　名 優秀さ・卓越

解答目標タイム 15 秒

**2.** PTL Supermarket ------- customers that its merchandise is competitively priced.

(A) requires
(B) inquires
(C) assures
(D) endures

□ **merchandise** 名 商品（不可算名詞）
類 goods, articles, commodities

□ **competitively priced** 価格競争力のある
他社と競争できる値段をつけられた、つまり「安い」ということです。

**competitive** 形 競争力のある

□ **price** 動 ～に値段をつける 名 値段

**pricey** 形 高価な 類 expensive 反 inexpensive, reasonable, cheap

**priceless** 貴重な 類 valuable, precious
pricelessは「値段がない」という意味ではなく「値段がつけられないほど貴重な」という意味です。

## 2. (C) assures

1. 選択肢には動詞の三人称単数形が並んでいます。

2. 空欄の後を見ると、customers という「人」を目的語にとり、さらに that 節が続いています。
inquire「尋ねる」は人を目的語にとれません。また endure「～に耐える」、require「～を要求する」は、後ろに、「人＋that節」と目的語を2つとることはできません。
よって、この形を唯一とれる assure 人 that SV「人に～を確信させる」が正解になります。

訳▶PTL スーパーマーケットは、商品が他に負けない低価格であることをお客様に保証している。

### Word Network

A **require** 1) ～を要求する 類 demand, request
2) ～が伴う・結果～になる 類 entail, lead to, result in

**requirement** 名 必要条件

**required** 形 必須の 類 obligatory, compulsory, mandatory

**request** 名 要求 動 ～を要求する

B **inquire** 尋ねる

**inquire about A** Aについて尋ねる **inquire of A** Aに尋ねる

I inquired of a police officer about the directions.
「私は警察官に道を尋ねた」

C **assure** ～を確信させる 類 guarantee ～を保証する

**assure 人 (of) 事** 人に～を確信させる・～を保証する

**assurance** 名 確実さ（英国では保険の意味もあります。）

**insurance** 名 保険

ensure「～を確かなものにする」にも sure「確信している」が入っています。

D **endure** ～に耐える 類 put up with, bear, stand, tolerate

**endurance** 名 耐久性

dureは「続くこと」を意味します。アメリカの乾電池メーカーにDuracell「デュラセル」というのがありますが、これは、長持ちするというニュアンスがこもった名前です。cellは電池のことです。

解答目標タイム 15 秒

**3.** Jim Cornell received an excellent evaluation from his manager because he was ------- to raising funds.

(A) committed
(B) authorized
(C) commended
(D) declared

☑ **evaluation** 名 評価
**evaluate** 動 ～を評価する
☐ **raise funds** 資金を集める
**fund-raiser** 名 募金イベント・資金集めをする人
**fund-raising** 形 資金集めの 名 資金集め
**fund** 資金
**found** ～を設立する 類 establish
found は過去形、過去分詞形の活用は found–founded–founded になります。find「～を見つける」は find–found–found となるので混同しないように注意しましょう。
**founder** 名 創設者
**foundation** 名 土台・創設
化粧品のファンデーションは化粧の前に土台を作るものですよね。

## 3. (A) committed

**1.** 選択肢には動詞の過去形または過去分詞が並んでいます。直前には was という動詞があるので、be 動詞＋過去分詞の受け身の文だとわかります。

**2.** 後ろには to＋doing という前置詞＋動名詞の形が来ています。後ろにこの形をとることができる動詞は be committed to doing「～することに熱心である・専心する」という形を持つ committed です。commend「～を褒める・表彰する」は、後に for をとるのでここには置けません。
この問題は動詞の意味ではなく、動詞の使い方（語法）を知っているかどうかがカギになります。

**訳▶** ジム・コーネルは、資金集めに献身したことにより、マネジャーから高い評価を受けた。

### Word Network

Ａ **commit** ～に捧げる・～に委託する・(罪) を犯す・誓約する
**commit a crime** 罪を犯す
**committee** 名 委員会 **commitment** 名 献身・誓約
**commission** 名 委員会・委託手数料
com-「すべてを」-mit「送る」➡「すべてを委託する・そそぐ」というのが語源です。

Ｂ **authorize** ～に権限を与える
**authorize A to do** Aに～する権限を与える
**authority** 名 権威 **author** 名 著者

Ｃ **commend** ～を褒める
**commend A for B** AをBのことで褒める・表彰する
類 praise A for B
**commendation** 名 称賛・推薦

Ｄ **declare** ～を宣言する **declaration** 名 宣言・申告

解答目標タイム 20 秒

**4.** TXH Mart will ------- respondents to the questionnaire a special price on their next purchases.

(A) offer

(B) concentrate

(C) create

(D) train

☐ **respondent** 名 回答者
**respond to A** Aに応える

☐ **questionnaire** 名 アンケート
question「質問」がスペルの中に隠れているので覚えやすいですね。
類 survey 名 調査　survey form アンケート用紙

☐ **special price** 特価

☐ **purchase** 名 購入
動 ～を買う　類 buy

## 4. (A) offer

1. 選択肢には動詞の原形が並んでいます。

2. 空欄には respondents to the questionnaire「アンケートの回答者」と a special price「特別価格」という、2つの名詞をとることのできる動詞が必要です。この形をとれるのは選択肢の中で offer A B「AにBを提供する」だけです。

動詞が後ろに2つ目的語ABをとる場合は、基本的に「AにBを与える」という意味になります。
give 与える　tell 伝える　sell 売る　lend 貸す
loan 貸す　find 見つけてあげる　buy 買ってあげる
make 作ってあげる

訳▶TXH マートは、アンケートの回答者に次回の買い物時に特別価格を提供します。

**Word Network**

A **offer** 動 ～を提供する　名 提案・申し出
of-「～に」-fer「運ぶ」というのが語源です。

B **concentrate**　集中する
**concentrate on A**　Aに集中する　同 center on A
concentrate の centr- の部分は center「中心」のことです。
**concentration** 名 集中

C **create**　～をつくる
**creation** 名 創造
**creative** 形 創造力のある・独創的な

D **train**　～を訓練する
**training** 名 訓練
**trainer** 名 訓練をする人
**trainee** 名 訓練を受ける人

解答目標タイム 15 秒

**5.** The invoice and warranty will be included in the package, which should be ------- to you in a week.

(A) replied

(B) caused

(C) associated

(D) delivered

□ **invoice** 名 請求明細書

□ **warranty** 名 保証書

□ **be included in A** Aに含まれている

be included with A「Aと一緒に入っている」も出題されたことがあります。

The document is included with the letter.

「その書類は手紙に同封されています」

including A「前 Aを含んでいる」も頻出です。

☑ **package** 名 荷物・小包

☑ **in a week** 1週間で・1週間後に

**within a week** 1週間以内に

## 5. (D) delivered

**1.** 選択肢には動詞の過去形または過去分詞形がならんでいます。直前に be 動詞があることから受け身の文になるとわかります。

**2.** 主語には package、後ろには to 人の形が来ていることから、be delivered to 人「人に配達される」の形をとれる delivered が正解だとわかります。

**訳▶** 請求明細書と保証書を同梱した荷物は、1週間で届くはずです。

**Word Network**

A **reply** 答える 名 返事

**reply to A** Aに答える 類 answer A

reply は自動詞で answer は他動詞です。

B **cause** ～を引き起こす

A cause B「Aが原因でBの結果となる」。主語（A）が原因、目的語（B）が結果を表します。

類 entail, require, lead to, bring about, give birth to, give rise to

C **associate** ～を結びつける

**associate A with B** AをBに結びつける・AをBに関連づける

類 link A with B, combine A with B

**association** 名 組合・会社・提携

**sales associate** 店員 類 sales clerk

D **deliver** ～を届ける

**deliver A to B** AをBに送る 類 send A to B

解答目標タイム 15 秒

**6.** Mr. Bovee's suggestion to -------
Ms. Brown to next month's company
retreat was dismissed.

(A) include
(B) propose
(C) promote
(D) invite

☐ **suggestion** 提案 類 proposal
☐ **company retreat** 社員研修旅行
どこか隔離された場所で研修会をすることです。
**retreat** 名 別荘・避難・引退・引きこもり
company picnic「会社の野外ピクニック・野外パーティー」に関する話は Part 4、7 によく出てきます。
☐ **dismiss** 動 ～を却下する・～を解雇する
類 fire, lay off, make ～ redundant
反 hire ～を雇う 類 employ, recruit
dis-「分離」miss「送る」➡「去らせる」というのが語源です。

狙われる盲点

動詞の suggest は後ろに to不定詞を置くことはできませんが、名詞の suggestion の後ろには置けるので注意が必要です。

He suggested going there. 「彼はそこに行くことを提案した」
his suggestion to go there 「そこに行くという彼の提案」

## 6. (D) invite

1. 選択肢には動詞の原形が並んでいます。

2. 空欄の後には「人」が来ており、その後には「to＋社員旅行」という形が来ています。このことから invite A to B「AをBに招待する」の形をとれる invite が正解だとわかります。

**訳▶** ボヴィー氏のブラウンさんを来月の社員研修旅行に誘うという提案は却下された。

**Word Network**

A **include** ～を含む **include A in B** AをBに含める
**inclusive** 形 包括的な **including A** 前 Aを含む
-cludeは「閉める（close）」を表します。
in-「中に」-clude ➡「中に含む」
**exclude** 動 ～を排除する ex-「外に」-clude ➡「閉め出す」
**conclude** 動 結論づける con-「完全に」-clude ➡「終わる」

B **propose** ～を提案する
**proposal** 名 提案
-poseは「置く」を表します。pro-「前に」-pose ➡「公言する」
**impose** 動 ～を課す im-「～の上に」-pose ➡「～の上に置く」
**impose A on B** AをBに課す
**dispose** 動 処理する dis-「分離」-pose ➡「離して置く」
**dispose of A** Aを処分する
**oppose** 動 ～に反対する op-「反対に」-pose ➡「反対に置く」

C **promote** ～を昇進させる・～の普及を促進する
**promote 人 to A** 人をA（という役職）に昇進させる
**promotion** 名 昇進・販売促進 反 demotion 降格
**promotion to A** A（という役職）への昇進
pro-「前に」-mot「動かす（move）」というのが語源です。

D **invite** ～を招待する
**invitation** 名 招待・招待状

解答目標タイム 20 秒

**7.** The amount ------- for new laptop computers was far beyond the original budget.

(A) prepared

(B) paid

(C) indicated

(D) welcomed

☑ **amount** 名 量 動 総計が〜にのぼる

a-「〜に」mount「山」➡「頂上に到達する」というのが語源です。

☑ **far beyond A** Aをはるかに超えて

**far** 副 遠く・さらに 形 遠い

**beyond A** 前 Aを越えて

☑ **original** 形 もともとの

☑ **budget** 名 予算

laptop computer「ノート型パソコン」は lap「足のもも」の上に載るというのが語源で desktop computer「デスクトップ型パソコン」は机に載るというのが語源です。

## 7. (B) paid

**1.** 選択肢には動詞の過去形または過去分詞が来ています。

**2.** 文中にはwasという動詞が来ているので新たに動詞は置けません。ですから選択肢の動詞は過去分詞として前の名詞amount「量」を修飾していることになります。

**3.** 空欄の後ろにはforが来ており、その後ろには「新しいノート型パソコン」という商品がきているのでpaidを置けばamount (paid for…computers)「コンピューターに支払われる（経費の）量」となり意味が通ります。

**訳▶** 新しいノートパソコンにかかった経費は、もともとの予算をはるかに上回るものだった。

### Word Network

A **prepare** 〜を準備する
**prepare A for B** AをBのために準備する
She prepared dinner for her colleagues.
「彼女は夕食を同僚のために準備した」
Part 1では、食事の準備をしている写真の問題などで出てきます。
**preparation** 名 準備 類 provision 名 準備・供給

B **pay** 〜を払う 名 給料 類 payroll, paycheck, salary
**payment** 名 支払い
**交換のfor**
**pay A for B** Bの対価にAを払う
He paid a lot of money for the car.「彼はその車に大金を払った」
**buy A for B** Bを払ってAを買う
**exchange A for B** AをBと交換する

C **indicate** 〜を示す
**indicate that SV** SがVすることを示す
**indication** 名 指示・指摘 **index** 名 索引・指数
人差し指のことはindex fingerといいますね。

D **welcome** 動 〜を歓迎する 名 歓迎
extend a welcome 歓迎する

解答目標タイム 10 秒

**8.** Since this is a somewhat urgent matter, we ------- hearing from you as soon as possible.

(A) look forward to
(B) look after
(C) look for
(D) look into

☐ **since** 接 ～なので、～からずっと
☐ **somewhat** 副 いくらか・少々
somehow は「どういうわけか・なんらかの方法で」という意味です。
☐ **urgent** 形 緊急の
**urgency** 名 切迫
☐ **hear from A** Aから連絡をもらう
☐ **as soon as possible** できる限り早く 略 ASAP
at your earliest convenience「都合がつき次第」は、この丁寧版。

## 8. (A) look forward to

**1.** 選択肢には look を使った熟語が並んでいます。

**2.** 空欄の後ろに hearing という動名詞が来ていることから look forward to doing「～するのを（楽しみに）待つ」がここに入るとわかります。to の後ろに doing がくる問題は頻出です。

**その他重要な to doing**

**be accustomed / used to doing**　～するのに慣れている
**be dedicated to doing**　～することに専心する
　類 be devoted to doing, be commited to doing
**be opposed to doing**　～するのに反対している
**object to doing**　～するのに反対する
**with a view to doing**　～するために
**when it comes to doing**　～することになると

**訳▶** これは少し急ぎの問題ですので、早急なお返事をお待ちしております。

### Word Network

A **look forward to doing**　～するのを楽しみに待つ
B **look for A**　Aを探す　類 search for A, seek (for) A
　seekは他動詞としても使えます。
C **look after A**　Aの世話をする　類 take care of A, care for A
D **look into A**　Aを調べる　類 investigate A, examine A

解答目標タイム 15 秒

**9.** The company's annual conference ------- with the speech of Mr. Matsui, the company's chairperson.

(A) negotiated

(B) visited

(C) enclosed

(D) concluded

☐ **annual** 形 年に1度の

☐ **conference** 名 カンファレンス・会議 類 meeting, convention, session

☐ **chairperson** 名 会長・委員長・司会者

chairman が PC (political correctness＝政治的公正) により chairperson となりました。the chair ともいいます。

## 9. (D) concluded

**1.** 選択肢には -ed で終わる動詞が並んでいます。

**2.** visit「～を訪れる」や invite「～を招待する」は通常他動詞で後ろに目的語をとります。しかし今回は with the speech という前置詞句が来ているのでここには置けません。

**3.** negotiate with A「Aと交渉する」という表現はありますが今回は後ろに the speech という語が来ていて交渉相手にはなれません。よって concluded「終わった」が正解です。

**訳▶**会社の年次会議は、社の会長であるマツイ氏のスピーチで閉幕した。

### Word Network

Ⓐ **negotiate** 交渉する・協議する

**negotiate A with B** BとAについて交渉する

I negotiated a deal with Randy.

「私はランディーとの商談をまとめた」

Ⓑ **visit** 動 ～を訪れる 名 訪問

visit は他動詞なので、後ろに前置詞句はとりません。Part 5 で出てきます。

Ⓒ **enclose** ～を同封する

enclosed「形 同封の 名 同封物」は enclosed＋be動詞＋名詞で「～を同封します」という形でも使われます。

Enclosed is the test data for your reference.

「ご参考までに試験データを同封いたします」

en-「中に」close「閉じる」➡「中に閉じ込める」というのが語源です。

Ⓓ **conclude** 自（会議や話が）終わる

他 ～と結論を出す・～を終える

**conclude with A** Aで終わる

解答目標タイム 20 秒

**10.** Staff members have to ------- receipts from business trips to the human resources department to be reimbursed for travel costs.

(A) result
(B) consult
(C) provide
(D) divide

☑ **staff** 名 スタッフ
数えられない名詞です。一人一人数える場合は staff member「スタッフメンバー」です。

☑ **have to do** 〜しなければならない 類 have got to do

☑ **receipt** 名 レシート・領収書

□ **business trip** 出張

☑ **human resources department** 人事部

□ **A reimburse B for C** AがBにCを払い戻す
be reimbursed for C「Cを払い戻される」は比較的知られていますが、be reimbursed by A「Aによって払い戻される」も出題されたことがあります。
Employees are reimbursed by the human resources department.
「従業員は人事部から払い戻しを受けます」

## 10. (C) provide

**1.** 選択肢には動詞の原形が並んでいます。

**2.** 空欄の後ろに the receipt という目的語があり、その後ろに to the...department という前置詞句があります。

**3.** このことから provide 物 to 人「物を人に与える」の形をとる provide が正解だとわかります。

**訳▶** 交通費を払い戻してもらうためには、社員たちは、人事部に出張時の領収書を提出しなければならない。

### Word Network

A **result** 生じる・(〜という) 結果になる 名 結果・成果
result が自動詞だというのも重要です。
**A result in B** AがBをもたらす 類 cause, lead to, give rise to
**A result from B** AはBが原因である

B **consult** 〜に相談する
**consultant** 名 コンサルタント・相談役

C **provide** 〜に供給する・〜を用意する
**provide 人 with 物** 人に物を与える 類 supply, furnish
**provide 物 for 人** 物を人に与える
アメリカでは provide 物 to 人 という形で使うことも多いです。
**provision** 名 供給・支給・用意 類 preparation
provided (that) SV 接「もし〜ならば」も頻出です。
類 if, given, assume, assuming, suppose, supposing

D **divide** 〜を分ける
**divide A into B** AをBに分ける
**division** 名 課・部署 類 department
**dividend** 名 配当金

解答目標タイム 15 秒

**11.** Mr. Levinson is a perfect example of the type of ------- professional programmer at MLR Co.

(A) dedicated
(B) deserved
(C) decorated
(D) demonstrated

☐ **perfect** 形 完璧な
☐ **example** 名 例
**exemplify** 動 ～を例証する・～のよい例となる
☐ **professional** 形 プロの
☐ **programmer** 名 プログラマー
**program** 動 ～のプログラムを作る 名 予定・番組
-gram / -graph は「書く」という意味を表します。
pro-「前に」-gram「書く」
diagram　図表　dia-「対角線に」
geography 地理　geo-「土地」
grammar　文法

## 11. (A) dedicated

1. 選択肢には de- ではじまる動詞の過去形または過去分詞形が並んでいます。

2. 空欄の前には of という前置詞があり、後ろには professional programmer という名詞のかたまりが来ているので、過去形ではなく、名詞を修飾する過去分詞が入ることがわかります。

3. 次に文意をとると、レビンソン氏は a perfect example「好例」となっている人なので、プラスの単語がここにくることがわかります。選択肢の中で人を修飾しプラスの意味になるのは dedicated「献身的な」です。

**訳▶** レビンソン氏は、MLR 社の献身的なプロフェッショナル・プログラマーの模範となっている。

### Word Network

Ⓐ **dedicate** ～に専念する

**dedicate A to B(/doing)** AをB（～すること）にそそぐ

**dedicate oneself to B(/doing)** B（～すること）に没頭する

be dedicated to B(/doing)という受け身の形でも出てきます。

**dedication** 名 献身

Ⓑ **deserve** 動 ～に値する

肯定的な語にも否定的な語にも使われます。

**deserve a raise** 昇給に値する

**deserve criticism** 非難に値する

Ⓒ **decorate** 動 ～を装飾する

**decoration** 名 装飾

**decorative** 形 装飾の

Ⓓ **demonstrate** ～を実演する

**demonstration** 名 実演・デモ

デモ行進は demonstration march といいます。

解答目標タイム 20 秒

**12.** The complimentary shuttle service from the station to the Maxwell Hotel ------- on a winter schedule starting in December.

(A) operates

(B) interviews

(C) issues

(D) processes

□ **complimentary** 形 無料の

complementary 形「補足的な」と混同しやすいので注意。

☑ **shuttle service** シャトルバスのサービス

□ **from A to B** AからBまで

□ **on a ~ schedule** ~スケジュールで

on a winter / spring / summer / autumn schedule

「冬季・春季・夏季・秋季スケジュールで」

## 12. (A) operates

1. 選択肢には動詞の三人称単数形が並んでいます。(B) (C) (D) は名詞の複数形ともとれますが、問題文中に動詞がないため空欄には動詞を置かなければなりません。

2. 文意をとると「shuttle service（シャトルバス・サービス）が冬季スケジュールで～する」となります。この文脈に合うのは operate「作動する・操業する」です。process は名詞で「過程・進行」という意味があるため、ここに置けそうですが、動詞の場合は他動詞で「～を処理する」という意味になります。

**訳**▶駅からマックスウェルホテルへの無料シャトルバス・サービスは、12月から冬季スケジュールで運行します。

### Word Network

[A] **operate** 自 作動する・操業する・手術する
他 ～を操作する・～を経営する

**operation** 名 運転・操作・作業・手術

[B] **interview** 動 ～と面接する 名 面接・会見

inter-「相互に」view「見る」、というのが語源です。

**interviewer** 名 面接官

**interviewee** 名 面接を受ける人

[C] **issue** 動 ～を発行する 名 刊行物・問題

A certificate will be issued when you pass the exam.
「試験に合格したら修了証明書が出されます」

[D] **process** 動 ～を処理する・～を加工する 名 過程・進行

**proceed** 動 進む・続ける

**the proceeds** 名 売上高 類 sales, turnover, profit

pro-「前に」-ceed「進む」というのが語源です。
また、proceed は自動詞です。注意しましょう。

解答目標タイム 15 秒

**13.** Sales representatives are required to ------- out their work with little supervision.

(A) seek
(B) hand
(C) carry
(D) turn

□ **sales representative** 販売員
□ **be required to do** ～することが要求されている
require A to do「Aに～することを要求する」の受け身です。
□ **supervision** 名 監督
**supervise** 動 ～を監督する
super-「上から」vise「見る」、というのが語源です。

## 13. (C) carry

**1.** 選択肢には動詞の原形が並んでいます。

**2.** 空欄の後ろには out がありますが、どの選択肢も後ろに out をとって動詞のかたまりを作ることができます。

**3.** out の後には their work「仕事」がきており、with little supervision「ほとんど上司の指示なく」とあるので、正解は carry out「～を実行する」となる carry です。

**訳▶** 販売員は、ほとんど上司の指示がない状況でも、自分の仕事を行うことが求められる。

### Word Network

Ａ **seek** ～を探し求める 類 seek for, look for, search for

他動詞として何度も出題されています。

Ｂ **hand** ～を手渡す 名 手助け

**hand in A** Aを提出する 類 turn in A, submit A

**hand out A** Aを配る 類 distribute A

Ｃ **carry** ～を運ぶ

**carry out A** 1) Aを実行する 類 execute A, perform A
2) Aを達成する 類 complete A, achieve A, accomplish A

**carry on A** Aを続ける・Aを営む

**carrier** 名 運送業者

career「経歴・履歴」とまぎらわしいので注意しましょう。

Ｄ **turn** ～の方向を変える

**turn up** 現れる 類 show up, appear

**turn down A** Aを断る 類 refuse, reject, decline A

**turn out (to be) A** Aだとわかる

**turn over A** Aをひっくり返す

**turnover** 名 反転・売上高

解答目標タイム 20 秒

**14.** The store managers of FCG Electronics stores have the authority to ------- the retail selling prices of all items.

(A) acquire
(B) revise
(C) load
(D) account

□ **store manager** 店長
□ **authority to do** 〜する権限
**right to do** 〜する権利
□ **retail** 形 小売の
関連語として wholesale「卸売りの」も頻出です。
whole-「全体」sale「売る」➡「まとめて売る」というのが語源です。

## 14. (B) revise

1. 選択肢には動詞が並んでいます。
2. 空欄の後ろには the … prices「値段」が目的語に来ています。
3. 値段を手に入れたり（acquire）、積み込んだり（load）はしませんし、account「説明する」は通例自動詞で目的語をとれません。よって revise「～を改定する」が正解です。

訳▶FCGエレクトロニクスの店長は、すべての商品の小売価格を変更する権限がある。

**Word Network**

A **acquire** ～を手に入れる・～を買収する 類 get, obtain, gain
**acquisition** 名 獲得・買収

B **revise** ～を改定する
**revision** 名 改定・改訂
**revised version** 改訂版
revise も revision もよく出題されています。

C **load** 動（荷物）を積む 反 unload（荷物）を下ろす
名 荷物・負担
動詞は Part 1 でもよく出てきます。

D **account** 説明する・占める
**account for A** 1）Aを説明する 類 explain A
2）Aを占める 類 occupy A
He couldn' t account for his absence.
「彼は欠席した理由を説明できなかった」
Japan accounts for 70 percent of electric vehicle patents.
「日本は電気自動車特許の70%を占めている」
**account** 名 口座・アカウント・考慮
**take A into account** Aを考慮する 類 take A into consideration

解答目標タイム 20 秒

**15.** Managers in charge of administering information ------- the database every week.

(A) hesitate

(B) update

(C) locates

(D) completes

□ **manager** 名 管理人・マネジャー

□ **be in charge of A** Aの責任がある 類 be responsible for A

どちらの熟語も頻出です。

□ **administer** 動 ～を管理する

**administration** 名 管理

**administrator** 名 管理人

ministerは「大臣」です。

□ **database** 名 データベース

## 15. (B) update

1. 選択肢には動詞の原形（現在形）と -s のついた形が並んでいます。

2. 空欄に入る動詞の主語は information ではなく関係詞のかたまりの前の Managers で複数形です。よって三人称単数系の主語に対応する -s のついた locates、completes は置けません。通常 TOEIC の語彙問題にはこういった -s がついている選択肢とついていないものは混在しませんが、主語と述語の単数・複数の一致には常に気を払ってください。

3. 空欄の後ろには database が目的語に来ているので、update「～を更新する」が正解です。

**訳▶** 情報管理の責任者は毎週データベースを更新している。

**Word Network**

A **hesitate**　ためらう
**hesitate to do**　～するのをためらう
**hesitant**　形 気が進まない
**be hesitant to do**　～する気がしない　類 be unwilling to do
**hesitation**　名 ためらい

B **update**　動 ～を更新する　名 更新
**upgrade**　動 ～を向上する　名 機能向上　反 downgrade
update と upgrade はどちらもよく出てくる単語です。

C **locate**　～の場所を見つける
**be located in A**　A にある
**location**　名 位置
**local**　形 その土地の
**locally**　副 その土地で・近くで

D **complete**　動 ～を完了する　形 完全な
動詞としても形容詞としても出題されたことがある重要語です。
**completely**　副 完全に

グルグル 1 12月15日 | 2 月 日 | 3 月 日 | 4 月 日 | 5 月 日

解答目標タイム 15 秒

**16.** The training session will ------- many guest commentators who specialize in marketing analysis.

(A) launch
(B) postpone
(C) feature
(D) organize

□ **training session** 講習会
□ **guest commentator** ゲスト解説者
□ **specialize in A** Aを専門としている
major in A「Aを専攻している」も一緒に覚えておきましょう。majorは名詞で「専攻」という意味でも使われます。
□ **market analysis** 市場分析
□ **analysis** 名 分析
**analyze** 動 ～を分析する

## 16. (C) feature

**1.** 選択肢に動詞の原形が並んでいます。

**2.** 主語は The training session「講習会」です。launch「～を始める」、postpone「～を延期する」、organize「～を組織する」は基本的に主語に人をとるのでここには不適当です。ですので正解は feature「～を呼び物とする」となります。

**訳▶** 講習会は、市場分析を専門とするゲスト・コメンテーターが呼び物となるでしょう。

### Word Network

A **launch** 動 ～を始める・～を打ち上げる
名 開始・打ち上げ

B **postpone** ～を延期する 類 put off
post-「後に」-pone「置く」というのが語源です。

C **feature** 動 ～を呼び物にする・～を特徴とする・～を特集する
名 特徴

D **organize** ～を組織する・～を整理する
**organizer** 名 主催者
**organization** 名 組織
organ「器官・臓器」も同じ語源です。

解答目標タイム 20 秒

**17.** According to the company's memorandum, the property appraiser Sandra Matsuki ------- this property at $20 million.

(A) subscribed
(B) valued
(C) supervised
(D) refurbished

□ **memorandum** 名 連絡メモ・回覧（＝memo）
□ **property appraiser** 不動産査定官・固定資産査定官
**appraise** 動 ～を鑑定する 名 appraisal 査定
ap-「～に」praise「値段（price）をつける」が語源です。
□ **property** 名 資産・不動産 類 real estate 不動産
proper- は「自分自身の」というラテン語が語源です。
proper は現在の英語では「適切な」という意味で使われますね。

## 17. (B) valued

**1.** 選択肢には動詞の過去形または過去分詞形が並んでいます。

**2.** 目的語には this property「この不動産」が来ています。ですので自動詞の subscribe「定期購読する」はここには置けません。また supervise「～を監督する」の目的語には基本的に人がくるので、これも不適切です。

**3.** refurbish「～を改装する」であればよさそうですが、property の後ろに at $20 million という前置詞句は語法上とれません。正解は value A at B「AをBと評価する」という形をとる value です。

**訳▶** 社内メモによると、不動産査定官サンドラ・マツキがこの不動産を2千万ドルと査定したそうです。

### Word Network

A **subscribe** 定期購読する

もともとはsub-「下に」scribe「書く」、ということから契約することを表します。インターネット、ケーブルテレビ、携帯電話の契約などにも subscribe は使われます。

**subscribe to A** Aを定期購読する

**subscriber to A** Aの加入者・Aの定期購読者

**subscription to A** Aの定期購読

B **value** 動 ～に価値を置く 名 価値

**value A at B** AをBと評価する

類 appraise A at B AをBと評価する

類 estimate A at B AをBと見積もる estimation 名 見積もり

C **supervise** ～を監督する

**supervisor** 名 上司・監督者 類 boss, manager

D **refurbish** ～を改装する 類 renovate, remodel

**refurbishment** 名 改装 類 renovation, remodeling

グルグル ❶ 12月15日 ❷ 月 日 ❸ 月 日 ❹ 月 日 ❺ 月 日

解答目標タイム 15 秒

**18.** The secretary spent a lot of time ------- a special company event taking place over the long weekend.

(A) scheduling
(B) achieving
(C) allowing
(D) struggling

☐ **secretary** 名 秘書
秘書は secret「秘密」に関わる人、というのが語源です。
☐ **spend A doing** Aを～することに費やす
Aには時間やお金がきます。
☐ **take place** 動 起こる 類 happen, occur
☐ **long weekend** 長い週末休み
ゴールデンウイークのように週末休みに祝日が重なって長くなった連休のことです。

## 18. (A) scheduling

1. 選択肢には動詞の-ing形が並んでいます。
2. 空欄に入る動詞はspend A doing「Aを～するのに費やす」のdoingの部分にあたります。
3. 空欄の後ろのa special company event「会社の特別イベント」を目的語にとるのは動詞のschedule「～の予定を決める」です。

訳▶長い週末休みの間に行われる会社の特別イベントのスケジュールを決めるのに、秘書は多くの時間を費やした。

### Word Network

A **schedule** 動 ～の予定を決める 名 予定
**as scheduled** 予定通りに 類 on schedule
**be scheduled to do** ～する予定になっている
**be scheduled for A** Aの予定になっている
The meeting is scheduled for April 10.
「会議は4月10日に予定されています」
The construction is scheduled for completion in November.
「工事の完成は11月を予定しています」
behind schedule「予定より遅れて」、ahead of schedule「予定より早く」もよく出る重要表現です。

B **achieve** ～を達成する 類 attain, accomplish
**achievement** 名 達成
a-「～に」chieve「頭」➡「頂上に到達する」というのが語源です。chief「チーフ・長官」やchef「シェフ・料理長」なども同じ語源です。

C **allow** ～を許す
**allow A to do** Aに～させてあげる 類 let A do, permit A to do
**be allowed to do** ～することを許されている
**be not allowed to do** ～してはならない 類 be not supposed to do
You are not allowed to park here.「ここに駐車してはいけません」

D **struggle** もがく **struggle to do** （必死で）～しようと努力する

グルグル ❶12月15日 ❷ 月 日 ❸ 月 日 ❹ 月 日 ❺ 月 日

Nouns!

# 第3章
# 頻出名詞問題 12

派生語まで
まとめて
パワーアップ×2

頻出名詞問題、12問です。

**12問 × 20秒 = 240秒（4分）**

以内で解きましょう。

中・上級者は、「解答目標タイム」の

合計170秒（2分50秒）以内

を目指してください。

解答目標タイム 15 秒

**1.** Everyone who visits this World Heritage Site is encouraged to make a small -------.

(A) appreciation

(B) discussion

(C) inspection

(D) donation

☑ **World Heritage** 世界遺産

☑ **heritage** 名 文化遺産・相続財産

**inheritance** 名 相続（財産）

□ **be encouraged to do** ～することを奨励されている

**encourage A to do** Aに～することを奨励する

反 discourage A from doing Aに～するのを思いとどまらせる

en-「与える」courage「勇気」➡「勇気を与える」
dis-「分離」courage「勇気」➡「勇気を奪う」
というのが語源です。

## 1. (D) donation

**1.** 選択肢は -ion で終わる名詞が並んでいます。

**2.** 空欄の前に動詞 make があるので、この動詞と相性のいい目的語を選びます。

**3.** make an inspection「調査する」、make a donation「寄付をする」の2つの可能性がありますが、small という形容詞がきていることから small donation「低額の寄付」という形をとれる donation が正解です。

**訳▶** この世界遺産を訪れた人は皆、低額の寄付をすることが奨励されている。

### Word Network

A **appreciation** 感謝・鑑賞

**appreciate** 動 ～に感謝する・～を鑑賞する

ap-「～に」preci「値段（price）をつける」➡「評価する・正しく理解する」というのが語源です。

B **discussion** 話し合い

have a discussion「話し合う」

**discuss** 動 ～について話し合う

C **inspection** 検査

**inspect** 動 ～を検査する 類 examine

in-「中を」spect「見る」というのが語源です。

D **donation** 寄付

**donate** 動 ～を寄付する

**donate A to B** AをBに寄付する 類 contribute A to B

解答目標タイム 15 秒

**2.** Customers who purchase two pairs of jeans can get a 30 percent ------- off their next purchase.

(A) rate

(B) material

(C) property

(D) discount

☐ **purchase** 動 ～を買う 類 buy
名 購入

問題文の最初の purchase は動詞、2つ目の purchase は名詞です。

☐ **a pair of A** ペアのA

glasses「メガネ」、shoes「靴」、socks「靴下」、chopsticks「はし」など2つで1セットになるものに使います。

## 2. (D) discount

**1.** 選択肢には名詞が並んでいます。

**2.** 文意をとると「ジーンズを2本買った客は次回の買いもので30%の〜が手に入る」とあるので discount「割引」が正解です。

**訳▶** ジーンズを2本お買い上げのお客様は、次回のお買い物が30%割引になります。

**Word Network**

Ⓐ **rate** 名 比率・料金 動 〜を評価する・〜をランクづけする
料金の意味に注意。
**room rate** 宿泊料 類 room charge
**rating** 名 格づけ・採点・視聴率

Ⓑ **material** 名 素材・物質

Ⓒ **property** 名 財産・所有物 類 assets, estate, fortune
**proper** 形 適切な・適した 類 suitable 反 improper 形 不適切な
**properly** 副 適切に

Ⓓ **discount** 割引 類 markdown, price cut
**discount rate** 割引率
voucher「クーポン」=couponも覚えておきましょう。

関係代名詞の who は those who と anyone who「〜する人は誰でも」の形が頻出です。また those、anyone の後ろに、分詞が続く形も頻出なので、SVを早く見つけられるように慣れておきましょう。
Anyone buying more than one pair of slacks can obtain a 30 percent discount on their next purchase.
「スラックスを2本以上お買い上げの方は誰でも、次回お買い上げの際に30%割引になります」

**more than A** Aよりも多く
ここでは、一本よりも多くなので「2本以上」です。slacks はチノパンのようなズボンのことです。

**obtain** 動 〜を手に入れる 類 get, gain

解答目標タイム 15 秒

**3.** Lately, there has been a dramatic ------- in the number of companies seeking mergers.

(A) increase
(B) addition
(C) round
(D) whole

☑ **lately** 副 最近 類 recently
☑ **dramatic** 形 劇的な
☑ **seek** 動 ～を探し求める 類 look for, search for
☐ **merger** 名 合併
**merge** 動 ～と合併する
**acquisition** 名 買収 M&A = mergers and acquisitions 合併吸収
**acquire** 動 ～を手に入れる・買収する

mergeはもともと「もぐる・沈む」という意味でした。そこから「2つのものを溶け込ませる」という意味が生まれました。
emerge「現れる」 e-「外に」merge「もぐる」➡「水中から出てくる」
➡「出現する」

## 3. (A) increase

**1.** 選択肢には名詞が並んでいます。

**2.** 空欄の直前の dramatic「劇的な」が適切に修飾し、後に in the number を置けるものを選びます。increase「増加」を入れれば「劇的な数の増加」となり意味が通ります。addition「追加」は、後ろに in the number は置けません。

**訳▶** 最近、合併を求める企業の数が急激に増えています。

### Word Network

A **increase** 名 増加 動 増加する

**increase in A** Aの増加 **increase by A** A差増加する

増加・減少を表す単語はまとめてイメージできるようにしておくと便利です。

上昇 rise, increase, climb 急騰 rocket, surge, jump, soar
下降 fall, decrease, slide, decline, drop, slump, slip
急落 tumble, dive, dip, plunge, plummet

B **addition** 追加・加えられた人

人の意味で出題されたことがあります。

**additive** 名 添加物

**add** 動 〜を加える

**add A to B** AをBに加える

**additional** 形 追加の

**additionally** 副 さらに 類 in addition

C **round** ラウンド・一巡・一試合

the next round of interviews「面接の次のラウンド」という形で出題されたことがあります。

**route** 名 ルート

**routine** 名 日課

D **whole** 名 全体 形 全体の

**wholly** 副 完全に

**as a whole** 全体として

類義語の altogether「全体で」も出題されたことがあります。

解答目標タイム 10 秒

**4.** Mirex's will have a ------- of 30 franchise locations nationwide by the end of this year.

(A) total

(B) number

(C) quantity

(D) fraction

☑ **franchise** 名 フランチャイズ

☑ **location** 名 場所・位置

☑ **nationwide** 形 全国的な 副 全国的に

類 from east to west, across the country

**nation** 名 国

**national** 形 国の・全国の

☑ **by the end of A** Aの終わりまでに

**at the end of A** Aの終わりに

at the beginning of A「Aの初めに」も前置詞 at をとります。

## 4. (A) total

**1.** 選択肢には名詞が並んでいます。

**2.** 空欄の前後を見ると a ------- of の形をとっています。a total of A「合計 A」であれば、「合計30」となり意味が通ります。a quantity of A「多量の A」は A の位置に不可算名詞が来ますし、a number of A「数多くの A」と a fraction of A「わずかな A」の後ろには30という具体的な数字は置けません。

**訳▶** ミレックスは、年末までに合計30の加盟店を全国に保有しているだろう。

**Word Network**

A **total** 合計　**in total** 合計で
**totally** 副 まったく・完全に 類 completely

B **number** 数
a number of と the number of の違いはややこしいので注意しましょう。

**a number of + 複数名詞** 数多くの～
A number of attendees are coming.「多くの出席者が来ます」
(主語は attendees なので動詞は are です。)

**the number of + 複数名詞** ～の数
The number of attendees is unknown.「出席者の数はまだ分からない」(主語は the number なので動詞は is です。)

C **quantity** 量 類 amount 反 quality 名 質 形 質の高い
**quantify** 動 ～の量を測る
**qualify** 動 ～に資格を与える

D **fraction** ごく少量・破片
**fractional** 形 わずかな

解答目標タイム 15 秒

**5.** Since BCL Inc. does not have enough money in the budget, it cannot upgrade its ------- on time.

(A) liaisons

(B) figures

(C) facilities

(D) warranties

□**since** 接 ～なので 類 because, as

□**enough** 形 十分な 副 十分に

1)形容詞・2)副詞 enough の語順に注意しましょう。

○high enough 十分高い

×enough high

□**budget** 名 予算

□**upgrade** 動 ～を向上する・～を改修する

名 機能向上・アップグレード

□**on time** 時間通りに・定時に

## 5. (C) facilities

**1.** 選択肢には名詞が並んでいます。

**2.** 空欄の前部には upgrade「〜を改修する」という動詞が来ているので、この動詞と相性のいい目的語を選びます。

**3.** 文意をとると「予算に十分なお金がないので」とあるので、ここに facilities「施設」を入れれば、「予算がないので施設を改修できない」となり意味が通ります。

**訳▶** BCL社は、十分な予算がないため、施設を予定の時期に改修することができないだろう。

Word Network

Ⓐ **liaison** 連絡係

liaison は何かと何かをつなぐ「人」のことです。liaison between A and B「AとBの連絡係」の形で出題されました。

Ⓑ **figure** 名 形・数字・人物 動 〜を計算する・〜を心に描く

**figure out** 〜だとわかる

Ⓒ **facility** 設備

本問題のように複数形で使われることが多いです。

**facilitate** 動 〜を促進する・〜を容易にする

**facilitation** 名 容易にすること

**facilitator** 名 容易にするもの(人)・促進するもの(人)

Ⓓ **warranty** 保証・保証書

最近は日本の電器屋さんなどでも使われている言葉です。

⏰ 解答目標タイム 10 秒

**6.** ------- to the concert hall is restricted to authorized personnel until tomorrow morning.

(A) Admission

(B) Advance

(C) Development

(D) Expectation

□ **be restricted to A** Aに制限されている 類 be limited to A

□ **authorized** 形 権限を与えられた

**authorize** 動 ～に権限を与える

**author** 名 著者

**authority** 名 権威

□ **personnel** 名 職員・全職員 類 staff

「人事部」＝human resources の意味もありますね。

□ **until A** 前 Aまでずっと 類 till A

## 6. (A) Admission

**1.** 選択肢には名詞が並んでいます。

**2.** 空欄には is restricted「制限されている」の主語になる名詞が入ります。

また、空欄の後ろには to the concert hall という to＋場所が来ています。このことから admission to + 場所「～への入場」という形をとる Admission を入れれば「コンサートへの入場が制限されている」となり意味が通ります。

**訳▶** コンサートホールは、明日の朝まで関係者以外立入禁止です。

**Word Network**

Ⓐ **admission** 名 入場・入場料
**admit** 動 ～を受け入れる・～を認める

Ⓑ **advance** 名 発展・進歩 類 progress
動 ～を促進させる 類 promote, facilitate, foster
**in advance** 前もって
advantage「有利」も同じ語源で「前にいること」というのが語源です。

Ⓒ **development** 発達
**develop** 動 ～を発達させる
**envelope** 名 封筒

Ⓓ **expectation** 名 期待・予期 類 anticipation
**expect** 動 ～を期待する・～を予期する 類 anticipate
meet one's expectations「～の期待に添う」という表現も覚えておきましょう。

解答目標タイム 15 秒

**7.** As the job ------- stipulates, all candidates need to have a bachelor's degree in economics.

(A) shipment

(B) description

(C) performance

(D) establishment

□ **stipulate** 動 ～を規定する

**stipulation** 名 規定

□ **candidate** 名 応募者 類 applicant

**学位に関する語句**

bachelor's degree 学士号 バッチェラー

master's degree 修士号

1) doctoral degree 2) doctorate 博士号

MBA (Master of Business Administration) 経営学修士号

PhD (Philosophiae Doctor / Doctor of Philosophy) 博士号・哲学博士

degree には学位以外にも温度の「度」にあたる 30 degrees centigrade = 30°Cの意味がありますね。

## 7. (B) description

**1.** 選択肢には名詞が並んでいます。

**2.** 空欄の後ろには動詞があり、前には the job があります。つまり job と結びついて1つの名詞のかたまりとなるものを選びます。job performance「仕事ぶり」、job description「職務内容書」であればこれが可能です。

**3.** 文意をとると、「すべての志願者には経営学の学士号がいる」とあることから「職務内容書が示しているように」とすれば意味が成り立ちます。よって description が正解です。

**訳▶** 職務内容書に規定されているように、応募者は皆、経済学の学士号を持っていなければならない。

### Word Network

A **shipment** 輸送 類 delivery
**ship** 動 ～を輸送する 類 deliver, send
ship「船」、cargo ship「貨物船」などはよく Part 1 に出ます。

B **description** 定義・描写
**describe** 動 ～を描写する

C **performance** 行い・パフォーマンス・業績
**perform** 動 1)～を実行する 類 carry out
2)～を演じる・～を上演する

D **establishment** 設立・確立
**establish** 動 ～を設立する 類 found
**stable** 形 安定した 反 unstable 不安定な
**stability** 名 安定性
st- は「立つ」ことを表します。

解答目標タイム 20 秒

**8.** A ------- of knowledge about Spring Data Systems is needed for all applicants desiring to work for SDS Co. Ltd.

(A) wealth

(B) breadth

(C) convenience

(D) delay

☐ **knowledge** 名 知識
☐ **be needed for A** Aのために必要とされる
☐ **applicant** 名 応募者 類 candidate
☐ **desire to do** 〜したい
☐ **work for A** Aで働く

## 8. (A) wealth

1. 選択肢には名詞が並んでいます。
2. 空欄の前には a が、後ろには of knowledge が来ているので、wealth「豊富さ」を入れれば a wealth of knowledge「豊富な知識」となり意味が通ります。

   breadth「幅」も a breadth of A「一幅の A」という表現がありますが、A の位置に knowledge を置くことはできません。

訳▶ SDS 社で働くことを考えている志願者は皆、スプリング・データ・システムズに関する豊富な知識が必要となる。

### Word Network

A **wealth** 豊富・富

**a wealth of ～** 豊富な～

もともとはwell「幸せな」が名詞化した単語です。

**wealthy** 形 裕福な・富んでいる

B **breadth** 幅

幅、深さ、長さなど、まとめて覚えておきましょう。

breadth「幅」broad 形 広い
width「幅」wide 形 幅の広い
depth「深さ」deep 形 深い
length「長さ」long 形 長い
strength「強さ」strong 形 強い

C **convenience** 利便性・好都合

at one's earliest convenience「～の都合のつく最も早い時期に」
Please contact us at your earliest convenience.
「できる限り早くご連絡ください」

**convenient** 形 便利な・都合のいい

Please let me know what time is convenient for you.
「ご都合のよいお時間を教えてください」

D **delay** 名 遅延 動 ～を延期する

解答目標タイム 10 秒

**9.** Mr. Davidson was praised for his remarkable ------- to the company's market cultivation.

(A) attributions
(B) retributions
(C) contributions
(D) distributions

☑ **be praised for A**　Aのことで褒められる
☑ **remarkable** 形 注目に値する
**remark** 名 意見 動 意見を言う
☑ **market** 名 市場
☑ **cultivation** 名 開拓
**cultivate** 動 ～を開拓する
culture「文化」や civilization「文明」も開拓することによって生まれたものですね。

## 9. (C) contributions

**1.** 選択肢には -tribution で終わる名詞が並んでいます。

**2.** 文意をとると「Davidson は会社の市場開拓への～をしたことにより賞賛された」ということがわかります。よって contributions「貢献」を入れれば意味が通ります。

-tribute 系の単語は前置詞の to と相性がいいです。
contribution to A「A への貢献・A への寄付」、contribute to A「A に貢献する・A に寄付する」は何度も登場しています。

**訳▶** デイヴィッドソン氏は、会社の市場開拓に目覚ましい貢献をしたので賞賛された。

**Word Network**

A **attribution** 属性・帰属

at-「～に」tribute「与える」➡「～に原因を与える」というのが語源です。

B **retribution** 報復

re-「反対」に tribute「与える」-ion 名詞化 ➡「報復を与えること」というのが語源です。

C **contribution** 貢献・寄付 **contribution to A** A への貢献・寄付

**contribute** 動 貢献する・寄付する

con-「ともに」tribute「与える」➡「分け前を与える」というのが語源です。

D **distribution** 流通・分配

**distribute** 動 分配する・配る 動 hand out

dis-「分離」tribute「与える」➡「分け与える」というのが語源です。

-tribute は前置詞 toと相性がいいです。

contribute A to B A を B に捧げる・寄付する
attribute A to B A は B が原因だと思う
distribute A to B A を B に配る

**-tribute「捧げる」に関する単語**

-tributeには「捧げもの・感謝のしるし」という意味があります。尊敬する歌手の方に捧げるCDアルバムを「トリビュート・アルバム」といいますね。

解答目標タイム 20 秒

**10.** Holders of overseas academic ------- are eligible to apply for this one year internship in London.

(A) apologies
(B) subscriptions
(C) qualifications
(D) ceremonies

□ **holder** 名 所有者
**share holder / stock holder** 株主
**hold** 動 ～を持つ
Hold on, please.「少々お待ちください」という電話を切らないでほしいときに言う表現も重要ですね。
□ **overseas** 形 海外の 副 海外に
□ **academic** 形 学業の
□ **be eligible to do** ～する資格がある 類 be qualified to do
□ **apply for A** Aに申し込む
□ **internship** 名 インターンシップ

## 10. (C) qualifications

**1.** 選択肢には名詞の複数形が並んでいます。

**2.** 文頭を見るとHolders of A「Aの所有者」があるので、空欄には所有しているものが入ります。qualificationsを入れればHolders of overseas academic qualifications「海外の大学の卒業資格を持っている人」となり意味が通ります。

**訳▶** 海外の大学の卒業資格を持っている方は、このロンドンでの1年間のインターンシップにお申し込みいただけます。

### Word Network

A **apology** 謝罪

**extend an apology** 謝罪する

sincere apology「心からの謝罪」の表現も頻出です。

**apologize** 動 謝る

**apologize to 人 for A** 人にAのことで謝る

B **subscription** 購読

**subscription to A** Aの定期購読

**subscribe to A** Aを定期購読する

**renew a subscription** 購読を更新する

**subscription renewal** 購読の更新

C **qualification** 資格

**qualify** 動 ～に資格を与える・資格を得る

**quality** 名 質 反 quantity 量

**be qualified to do** ～する資格がある

類 be entitled to do, be eligible to do

**be qualified for A** ～の資格がある・～に適任である

類 be entitled to A, be eligible for A

D **ceremony** セレモニー

celebrate「動 ～を祝う」、celebration「名 祝い」も覚えておきましょう。

解答目標タイム 10 秒

**11.** One of the primary goals of LCC is to accommodate a wide ------- of customer needs.

(A) patron
(B) range
(C) contract
(D) rate

☑ **primary** 形 主要な 類 main, chief, major, central
根本的な 類 basic, essential, elemental, fundamental

prime-は「最初・第一位」を表す接辞です。首相のことをprime ministerといいますよね。

☑ **goal** 名 目標 類 end, aim, purpose, objective

□ **accommodate** 動 〜に対応する・〜を収容する

□ **accommodate needs** ニーズに対応する

meet needs の言い換えとして出題されたことがあります。

## 11. (B) range

**1.** 選択肢には名詞が並んでいます。

**2.** 空欄の前には a wide、後ろには of があることから、TOEIC では頻出の a wide range of A「幅広い A」の形が入るとわかります。よって range が正解です。

a wide variety of A、a large variety of A「多種多様な A」
a wide selection of A 「選択の幅の広い A」
a complete range of A 「全種類・全範囲の A」

も重要なので覚えておきましょう。

**訳▶** LCC 社の主要な目的の 1 つに、幅広い顧客のニーズに対応することがある。

### Word Network

A **patron** ひいき客

**patronage** 名 ひいき・愛顧

Thank you for your patronage.
「ご利用いただきありがとうございます・いつもありがとうございます」

B **range** 名 幅・範囲 動 広がる・及ぶ

**range from A to B** A から B に及ぶ

C **contract** 契約

con-「2 つ」tract「引く」➡「お互いが引かれあう」というのが語源です。

attract ～を引き付ける
at-「～を」tract「引く」➡「～を引き付ける」

distract ～をそらす
dis-「分離」tract「引く」➡「引き離す」

D **rate** 料金・率

**at the rate of A** A の割合で

**ratio** 名 割合 類 proportion

解答目標タイム 15 秒

**12.** Mr. Jake's boss accepted his voluntary -------, surprising the employees in the human resources department.

(A) attention

(B) resignation

(C) reservation

(D) solution

☑ **accept** 動 ～を受け入れる

□ **voluntary** 形 自発的な

**voluntarily** 副 自発的に

**volunteer** 名 ボランティア 動 ～を進んで引き受ける

☑ **surprise** 動 ～を驚かす

☑ **human resources** 人材

human resources department 人事部

human resources development 人材開発

resource「資源」も重要語です。

## 12. (B) resignation

**1.** 選択肢には -tion で終わる名詞が並んでいます。

**2.** 空欄の前の形容詞 voluntary「自発的な」と相性がよく、上司が受け入れるものは resignation「辞職」です。voluntary resignation で「希望退職」という意味になります。

文中の surprising は分詞構文の一種で、 ある出来事や動作に続いて起こることを表しています。この問題では「希望退職を受け入れた」➡「そのことが社員を驚かせた」という関係になっています。

**訳▶** ジェイク氏の上司が彼の希望退職を受け入れたので、人事部の社員達は驚いた。

### Word Network

A **attention** 注目・注意

**pay attention to A** Aに注意を払う 類 attend to A

**attentive** 形 注意深い

B **resignation** 辞職

**resign from A** Aを辞職する

re-「もとに」sign「署名する」、つまり、契約したものをもとに戻す、ということから「辞める」という意味になります。

C **reservation** 予約

イギリスでは booking ともいいます。日本語でも業界用語でブッキングといいますね。

**make a reservation** 予約する 類 reserve, book

D **solution** 解決策

**solution to A** Aの解決策

**solve** 動 ～を解決する

Adjectives!

# 第4章
# 頻出形容詞問題 17

## まぎらわしい
## 頻出形容詞は
## 一気にマスターしよう

頻出形容詞問題、17問です。

**17問 × 20秒 = 340秒（5分40分）**

以内で解きましょう。

中・上級者は、「解答目標タイム」の
合計250秒（4分10秒）以内

を目指してください。

解答目標タイム 15 秒

**1.** The sales figures should be ------- as our accountants have confirmed the numbers many times.

(A) accurate

(B) annual

(C) various

(D) dominant

□ **sales figures** 名 売上高

□ **accountant** 名 会計士

count「数える」が単語の中に入っています。-antは名詞で「～する人」を表します。

□ **confirm** 動 ～を確認する

**confirmation** 名 確認

firm「堅固な」という語が隠れていますね。「強固にする・確実にする」というのが語源です。

## 1. (A) accurate

**1.** 選択肢には形容詞が並んでいます。

**2.** 主語には sales figures「売上高」が来ています。この figure は「数字」の意味なので、空欄に accurate「正確な」を入れればThe sales figures should be accurate「売上高（の数字）は正確なはずだ」となり意味が通ります。

**訳▶** わが社の会計士が数字を何度も確認しているので、売上高は正確なはずです。

### Word Network

A **accurate** 正確な

**accurately** 副 正確に

B **annual** 年次の 類 yearly

annual event「年次行事」は anniversary「～周年」のいい換えでよくPart 7 に出ます。

**annually** 副 年に一度の 類 once a year

C **various** さまざまな

**variety** 名 多様性

**vary** 動 異なる 類 differ

vary は from や inと相性のいい動詞です。

**vary (/differ) from A in B** AとBの点で異なる

D **dominant** 主要な・独占的な

**dominate** 動 ～を独占する

**domination** 名 独占

解答目標タイム 15 秒

**2.** Compared with the record-setting performance of the ------- fiscal year, this year's is anticipated to be low.

(A) next

(B) previous

(C) countless

(D) just

- ☑ **compared with (/to) A** Aと比較すると
  **comparison** 名 比較
  com-「2つ」-pare「同等にする (pair)」➡「2つのものを同等の状態に置く」というのが語源です。
- □ **record-setting** 形 新記録の
- □ **fiscal year** 財政年度　fiscal：①国庫 ②財政上の、会計の
- ☑ **performance** 名 業績
- ☑ **anticipate A to do** Aが～すると予想する 類 expect A to do

## 2. (B) previous

**1.** 選択肢には時間に関する形容詞・副詞が並んでいます。

**2.** 空欄の後ろには fiscal year という名詞があるので、これを適切に修飾する形容詞を選びます。

**3.** previous「前の」を入れると previous fiscal year「前の財政年度」となり意味が通ります。もちろん next fiscal year「次の財政年度」という表現もありますが、今回は Compared with the record-setting performance「新記録を達成した業績と比べると」とあるので、これが既に成されたことであるとわかります。したがって next は適しません。

**訳▶** 新記録を達成した去年の財政年度の業績と比べると、今年のは低くなると予想される。

### Word Network

Ⓐ **next** 次の

**next to A** Aの隣に

**near** 形 近い 前 ～の近くに

Ⓑ **previous** 以前の 類 earlier 反 following 次の

**previously** 副 以前

pre-「前の」-vious「道」が語源です。

Ⓒ **countless** 数えきれないほどの

**count** 動 ～を数える 名 数を数えること

Ⓓ **just** 形 正しい 副 ちょうど・～だけ

**justify** 動 ～を正当化する

**justification** 名 正当化

justify は just「公正」-ify「～にする」➡「正当化する」というのが語源です。

解答目標タイム 15 秒

**3.** On behalf of Lopez Law, we are very ------- to inform you of the fact that your patent has been approved.

(A) interested

(B) pleased

(C) moved

(D) impressed

☑ **on behalf of A** Aを代表して・Aの代わりに

何度も出題されている頻出表現です。

**AにBを伝えるという意味になる A of B の構文**

inform A of B　AにBを知らせる

notify A of B　AにBを知らせる

remind A of B　AにBを思い出させる

パテント

☐ **patent** 名 特許

☑ **approve (of) A** Aを承認する

他動詞・自動詞ともにありますが、他動詞は法律などの堅い文脈でよく出てきます。

## 3. (B) pleased

**1.** 選択肢には感情を表す形容詞が並んでいます。

**2.** 空欄の後の文脈をとると「特許が承認されたことを伝える」とあるので be pleased to do「喜んで〜する」だとわかります。

**訳▶** ロペズ法律事務所を代表して、お客様の特許が承認されましたことを喜んでお伝えいたします。

### Word Network

Ⓐ **be interested** 興味がある
**be interested in A** Aに興味がある
**interesting** 形 興味深い
**interest** 動 〜に興味を持たせる 名 興味

Ⓑ **be pleased** 喜んでいる
**be pleased with A** Aに満足している 類 be satisfied with A
**pleasing** 形 ここちよい
**please** 動 〜を喜ばせる 反 displease
**pleasure** 名 喜び

Ⓒ **be moved** 感動した
**moving** 形 感動的な
**move** 自 動く 他 〜を動かす 名 動き
**motion** 名 動き
**mobile** 形 移動できる・携帯できる
携帯電話は mobile phone、cellular phone、cell phone などといいますね。

Ⓓ **be impressed** 感銘を受けた
**be impressed with A** Aに感動する
**impressive** 形 印象的な
**impress** 動 〜によい印象を与える
**impression** 名 印象
im-「中に」press「押す」➡ 心の中に感動を押し込む、というのが語源です。

解答目標タイム 10 秒

**4.** The instruction manual of the 3DX is easy to read and very ------- even for beginners.

(A) respectful

(B) helpful

(C) successful

(D) doubtful

☐ **instruction manual** 取扱説明書 類 instructions

☐ **instruction** 名 指示

**instruct** 動 ～を教える・～を指示する

**instructor** 名 インストラクター

☐ **manual** 名 説明書 形 手作業の 反 automatic, automated 自動の

☐ **A is easy to do** Aは～しやすい

☐ **even** 副 ～さえ

☐ **beginner** 名 初心者

## 4. (B) helpful

**1.** 選択肢には -ful で終わる形容詞が並んでいます。

**2.** and の前には easy to read「読みやすい」という形容詞からはじまる句があります。helpful「役に立つ」を入れれば「読みやすく初心者にも役立つ」となり意味が通ります。

**訳▶** 3DXの取扱説明書は読みやすく、初心者にも役に立ちます。

### Word Network

A **respectful** 礼儀正しい 類 polite
**respectable** 形 尊敬すべき・立派な 類 honorable
**respect** 動 〜を尊敬する 名 尊敬
名詞の respect には「点」の意味もあります。
**in this respect** この点で 類 in this regard

B **helpful** 役に立つ 類 of help, of use, useful

C **successful** 成功した
**success** 名 成功
**succeed** 動 1) succeed in A　Aに成功する
2) succeed (to) A　Aを受け継ぐ 類 take over
**successive** 形 連続する
**succession** 名 連続・継承
suc-「下に」-ceed「進む」➡「継承する」というのが語源です。

D **doubtful** 疑わしい 類 dubious, suspicious
doubtとsuspectはどちらも「疑う」と訳されますが、大きく異なります。
doubt 動 〜ではないと思う
suspect 動 〜だと思う
I doubt she will come.
「彼女は来ないのではないかと思っています」
I suspect she will come.
「彼女は来るのではないかと思っています」

解答目標タイム 15 秒

**5.** All the equipment in this supply room is ------- to the workers in the marketing department.

(A) affordable

(B) available

(C) probable

(D) dependable

☑ **equipment** 名 設備・器具（不可算名詞）
Part 1 に出やすい単語です。
**equip** 動 ～を備えつける
☑ **supply room** 名 備品室
**supply A with B** AにBを供給する
類 provide A with B, furnish A with B
**supplement** 名 補足・サプリメント 動 ～を補う
□ **marketing department** 営業部

## 5. (B) available

1. 選択肢には -able で終わる形容詞が並んでいます。
2. 主語には equipment「器具」、空欄の後ろには to 人の形が続いているので、A is available to 人「A は人が使える・手に入る」の構文だとわかります。affordable「購入しやすい」も置けそうですが、supply room「備品室」の中にあるものは社員が売買するものではないのでここには置けません。

**訳▶** 備品室にあるすべての器具は、営業部の社員が使用できます。

Word Network

A **affordable** 購入しやすい・手頃な
類 cheap, inexpensive, reasonable
**affordable price** 手頃な値段
**afford** 動 (お金・時間に) 余裕がある
**cannot afford to do** ～する余裕がない

B **available** 利用できる・入手できる
Is this seat available?「この席は空いていますか」
available は人にも使うことができます。
Are you available tonight?「今晩暇ですか」 類 free

C **probable** ありそうな・可能性が高い
**probable candidate** 予想される候補者
選ばれる可能性が高いということです。
**probably** 副 おそらく

D **dependable** 信頼できる 類 reliable
dependable car「信頼できる車」というフレーズで出題されました。
**dependent** 形 依存している
**be dependent on A** A に依存している
He is still dependent on his parents.「彼はまだ親に依存している」
反 be independent of A A から独立している
**independently** 副 独立して
**independence** 名 独立

解答目標タイム 15 秒

**6.** All of the patients in this hospital are properly instructed about the ------- amounts of medicine to take.

(A) appropriate

(B) immediate

(C) spacious

(D) delicious

☐ **patient** 名 患者 形 忍耐力のある

**patience** 名 忍耐・忍耐力

☐ **properly** 副 適切に

**proper** 形 適切な

☐ **instruct** 動 ～に指示する

**instruction** 名 指示

☐ **amount** 名 量 類 quantity

**医者・薬に関する単語**

medicine 名 薬・医学

medical 形 医学の

pharmacy 名 薬局 類 drug store

physician 名 医者・内科医 類 doctor

リスニングにこの語を知らないと解けない問題が出たことがあります。

surgeon 名 外科医

surgery 名 手術

dentist 名 歯医者

dental 形 歯の dental appointment 歯医者の予約

dent 名 くぼみ 動 ～をへこませる

## 6. (A) appropriate

**1.** 選択肢には -ate と -ous で終わる形容詞が並んでいます。

**2.** 空欄の後ろを見ると amount of medicine という名詞句が続いています。よって、ここに appropriate「適切な」を入れれば「薬の適切な量」となり意味が通ります。

**訳▶** この病院の患者は皆、薬の適切な服用量についてきちんと指示を受けています。

### Word Network

A **appropriate** 適切な
　類 proper, suitable　反 inappropriate 不適切な
**appropriately** 副 適切に

B **immediate** 即座の
**immediate action** 緊急行動
**immediately** 副 すぐに 類 right away, at once, soon

C **spacious** 広い
**spacious room** 広々とした部屋
**space** 名 空間・宇宙
不可算名詞の room にも「スペース」の意味があります。
make room for A　Aのためのスペースをあける

D **delicious** おいしい
delicious food「おいしい食べ物」という句で出題されたことがあります。

解答目標タイム 10 秒

**7.** Mr. Lee's attire wasn't ------- for such a formal event as the Governor's Ball.

(A) profitable

(B) reliable

(C) suitable

(D) unavailable

□ **attire** 名 (特別な) 服装・(豪華な) 衣装

発音はアタイアーです。satire「皮肉」はサタイアーです。

□ **such A as B** BのようなA

A such as B の語順にもなります。

□ **governor** 名 (州) 知事

**govern** 動 ～を支配する・統治する

□ **ball** 名 (フォーマルな) ダンスパーティー

**ball room** ボールルーム・舞踏室

ホテルのball room「ボールルーム」はカンファレンスなどで使われる大きな部屋のことです。

## 7. (C) suitable

1. 選択肢には -able で終わる形容詞が並んでいます。
2. 主語には attire「服装」、動詞には be 動詞が来ています。また、空欄の後ろには for+イベントが来ているので、be suitable for A「A に適している」の形をとる suitable を置けば「服装はイベントに適していないようだった」となり意味が通ります。

be suitable to do「〜するのに適している」も重要表現です。

**訳▶**リー氏の服装は、州知事主催のダンスパーティーといったフォーマルなイベントにはふさわしくなかった。

### Word Network

Ⓐ **profitable** 有益な
**profit** 名 利益 類 benefit
**make profits** 利益を上げる

Ⓑ **reliable** 頼れる・信頼できる 類 dependable
**rely** 動 頼る 類 depend

Ⓒ **suitable** 動 適切な 反 unsuitable 不適当な
**suit** 動 〜に似合う
「服＋suit＋人」という形でよく使われます。
I think the short sleeved shirt will suit him.
「その半そでのシャツは彼に似合うと思います」

Ⓓ **unavailable** 利用できない 反 available
-vail、-valは「力・価値」を表します。
valid「有効な」 反 invalid「無効な」 類 expired「期限切れの」
value「価値」 evaluate「〜を評価する」

解答目標タイム 10 秒

**8.** The introduction of the new system has made a ------- difference in this quarter's sales.

(A) valuable
(B) significant
(C) preventive
(D) cautious

☑ **introduction** 名 導入・紹介
**introduce** 動 ～を導入する・～を紹介する
**introductory** 形 紹介の・入門の
introductory offer「特別提供価格」は新発売の製品の導入価格や、初めて購入する人に向けての特別価格という意味です。
☑ **quarter** 名 4分の1・四半期

## 8. (B) significant

**1.** 選択肢には -able, -ant, -ive, -ous で終わる形容詞が並んでいます。

**2.** make a difference「違いを生じる」の difference を適切に修飾するのは significant「重要な」です。

It makes no difference to me.「私にはどうでもいいことだ」
類 It doesn't matter to me. も覚えておきましょう。

**訳▶** 新しいシステムの導入により、この四半期の売り上げに大きな違いが生じた。

### Word Network

A **valuable** 価値のある
**valuables** 名 貴重品
**value** 名 価値 動 ～を重視する
**invaluable** 形 非常に価値のある

B **significant** 重大な・重要な 類 important, meaningful
**significantly** 副 著しく 類 strikingly, remarkably, notably
**significance** 名 重要性 類 importance
**signify** 動 ～を表明する・～を意味する
**sign** 名 記号・看板・標識 動 ～に署名する
**signature** 名 署名

C **preventive** 予防の **prevention** 名 予防
**prevent** 動 ～を妨げる prevent A from doing Aに～させない
類 keep A from doing, stop A from doing, discourage A from doing, deter A from doing, prohibit A from doing

D **cautious** 用心深い・慎重な 類 careful
**cautiously** 副 用心して 類 carefully
**caution** 名 用心
**precaution** 名 予防 類 prevention

1 12 月 19 日 | 2 月 日 | 3 月 日 | 4 月 日 | 5 月 日

解答目標タイム 15 秒

**9.** We need to make sure that the changes to the itinerary are ------- to all the participants.

(A) acceptable

(B) receivable

(C) handful

(D) thoughtful

☐ **make sure that SV** SがVだと確認する

**make sure of A** Aを確認する

**be sure that SV** SがVだと確信している

類 be confident that SV, be convinced that SV

**be sure of A** Aを確信している

類 be confident of A, be convinced of A

☐ **itinerary** 名 旅程

agenda「名 会議予定事項」も重要語です。

The itinerary is subject to modification (/change).

「旅程は変更になる可能性があります」

☐ **participant** 名 参加者 類 attendant

## 9. (A) acceptable

**1.** 選択肢には -able, -ful で終わる語が並んでいます。
普通はどちらも形容詞語尾ですが、handful は名詞です。

**2.** are の主語にあたるのは the changes「変更」です。

変更が thoughtful「思慮深い」というのは変ですし、receivable「受けとることができる」というのもおかしいです。よって acceptable「受け入れられる」が正解です。

**訳▶** すべての参加者に旅程の変更が受け入れられるか、われわれは確かめる必要がある。

### Word Network

A **acceptable** 受け入れられる
**accept** 動 ～を受け入れる・～を受けとる
**acceptance** 名 受け入れ・承認

B **receivable** 受け取れる
**receive** 動 ～を受けとる
**reception** 名 受付・接待・電波の受信状態
**receptionist** 名 受付係
-ceive、-ceptは「受けとる」という意味を表します。

C **handful** 名 少量
**a handful of A** 少量の・少数のA
「ひと握りの量」という意味です。
**handy** 形 便利な・巧みな

D **thoughtful** 思慮深い・思いやりのある 類 considerate
**thought** 名 考え 類 idea, notion, concept
**think** 動 考える

解答目標タイム 20 秒

**10.** The project manager of the research and development department has an obligation to keep the highly sensitive information -------.

(A) overwhelming
(B) innovative
(C) secure
(D) competitive

- ☐ **research and development department** 研究開発部
  research and development はよくR&Dと略されます。
- ☐ **obligation** 名 義務
  **obligatory** 形 義務的な
  類 compulsory, mandatory 反 optional, elective 任意の
- ☑ **sensitive** 形 敏感な・慎重を期する 反 insensitive 鈍感な
  **be sensitive to A** Aに敏感だ
  **sense** 名 感覚 動 〜を感じる

## 10. (C) secure

**1.** 選択肢には形容詞が並んでいます。

**2.** 空欄前部の文の構造を見ると keep the…information ------- という keep O C「O（情報）を C のままにする」という構文だとわかります。O と C には主語述語の関係が成り立ちます。「情報」が competitive「競争的な」や innovative「革新的な」というのはおかしいですし、機密情報を overwhelming「圧倒的な」ままにするというのも変です。secure「安全な」であれば「機密情報を安全な状態にしておく」となり意味が通ります。

**訳▶** 研究開発部のプロジェクト・マネジャーは、機密情報を安全な状態にしておく義務がある。

### Word Network

Ⓐ **overwhelming** 圧倒的な
**overwhelmingly** 副 圧倒的に
**overwhelm** 動 ～を圧倒する
**be overwhelmed with A** Aで苦しむ

Ⓑ **innovative** 革新的な・刷新的な
**innovation** 名 刷新・導入
**innovate** 動 ～を導入する
in-「中に」nova「新しい」-ate「する」➡「新しいものを取り入れる」というのが語源です。

Ⓒ **secure** 安全な 類 safe
**security** 名 安全性 類 safety

Ⓓ **competitive** 競争力のある・競争的な・安い
**compete** 動 競争する
**compete with A** Aと競争する
**competition** 名 競争・試合
ゴルフコンペのコンペは competition の略です。

グルグル 1 12月19日 | 2 月 日 | 3 月 日 | 4 月 日 | 5 月

解答目標タイム 15 秒

**11.** The database at Madison Library is ------- to anyone who lives in this town and is seven years of age or older.

(A) accessible
(B) responsible
(C) incidental
(D) substantial

☐ **database** 名 データベース
☐ **library** 名 図書館
☐ **anyone who does** ～する人は誰でも 類 whoever does
☐ **～ years of age** 年齢～歳

町関連の単語もまとめて覚えておきましょう。

| | | |
|---|---|---|
| town 町 | city 都市 | village 村 |
| state 州 | county 郡（州の下位の行政区画） | |
| downtown 中心街 | suburbs 郊外 | |

## 11. (A) accessible

**1.** 選択肢には -ible、-tal、-ial で終わる形容詞が並んでいます。

**2.** 文全体の主語は The database「データベース」で空欄の直前には be 動詞が、後ろには「to 人」の形が来ています。よって A be accessible to 人「Aは人が利用できる・近づきやすい」という形をとれる accessible が正解です。

**訳▶** マディソン図書館のデータベースは、この町に住んでいる方で7歳以上であれば誰にでも利用できます。

### Word Network

A **accessible**　近づきやすい

**access**　動 ～にアクセスする　名 アクセス

ac-「～に」-cess「進む」ということから「近づくこと」というのが語源です。accessory「アクセサリー」はまさに体にくっつけるものですね。

B **responsible**　責任がある　反 irresponsible 無責任な

**be responsible for A**　Aの責任がある

類 be in charge of A, have (a) responsibility for A

**responsibility**　名 責任

**response**　名 応答・返答

**respond**　動 応答する・対応する

C **incidental**　形 偶然の

**incident**　名 思いがけない出来事・事件

日本語のハプニングにあたります。happening「出来事」に「思いがけない」というニュアンスはありません。

**incidence**　名 発生（率）

D **substantial**　かなりの　substantial amount　かなりの量

**substantially**　副 かなり

**substance**　名 物質・材料　類 material

解答目標タイム 15 秒

**12.** Randy Roper started producing ------- results immediately after he was transferred to this branch.

(A) impressive
(B) primary
(C) satisfied
(D) critical

☐ **start doing** ～しはじめる 類 start to do
☐ **result** 名 結果
☐ **immediately** 副 すぐに 類 at once, right away
☐ **be transferred to** ～に異動する
transfer A to B「AをBに移す」の受け身です。
trans-「～を越えて」-fer「運ぶ」というのが語源です。

**-fer「運ぶ」を使った重要語はたくさんあります**
**offer** of-「相手に」-fer ➡「～を提供する」
**refer** re-「元へ」-fer ➡「参照する」
**infer** in-「(心の)中へ」-fer ➡ あることを基にして「推測する」
**prefer** pre-「前に」-fer ➡ より好きなものを自分の前に運ぶ ➡「好む」
**differ** dif-「分離」して-fer ➡「異なる」

## 12. (A) impressive

**1.** 選択肢には形容詞が並んでいます。

**2.** 後ろに results「結果」という名詞があるのでこの語を適切に修飾するものを選びます。

**3.** 文意をとると「移動してきてすぐに～な結果を出しはじめた」とあることから impressive「すばらしい」が正解だとわかります。satisfied「満足した」は、satisfying「満足な」なら OK です。

**訳▶** ランディー・ローパーは、この支社に異動してきてすぐにすばらしい結果を出しはじめた。

### Word Network

A **impressive** 印象的な

**impress** 動 ～に感銘を与える

**impression** 名 印象

B **primary** 主要な・第一の

primary school 小学校［英］ elementary school 小学校［米］

C **satisfied** 満足した 類 content

be satisfied (/content) with A A に満足する

**satisfying** 形 満足な・満足させる

**satisfy** 動 ～を満たす

**satisfaction** 名 満足 類 content, contentment

content には名詞で「内容・コンテンツ」の意味もあります。これは contain「～を含む」と同じ語源です。

D **critical** 批評の・重大な

**critic** 名 批評家・評論家 類 reviewer

critic, reviewer は Part 7 に頻出です。

解答目標タイム 15 秒

**13.** The labor dispute is an ------- matter which demands immediate resolution in order to prevent a strike.

(A) urgent
(B) agreement
(C) extent
(D) investment

□ **labor dispute** 労働争議
□ **dispute** 名 議論・口論 動 ～を議論する
**disputable** 形 議論の余地がある 反 indisputable 疑いの余地のない
□ **matter** 名 問題・事柄
**as a matter of fact** 実は
**as a matter of course** 当然のことながら
□ **demand** 動 ～を要求する 名 要求
□ **immediate** 形 即座の
**immediately** 副 すぐに
□ **resolution** 名 解決・決議 類 solution 解決
**resolve** 動 ～を解決する・決心する 類 solve ～を解決する
solveはもともと「ほどく・溶かす」というのが語源です。
□ **prevent** 動 ～を防ぐ
□ **strike** 名 ストライキ

## 13. (A) urgent

**1.** 選択肢には -ent で終わる単語が並んでいます。-ent で終わるものは形容詞が多いです。しかし -ment で終わるものは名詞なので agreement「同意」、investment「投資」は名詞になります。また extent「広さ」も名詞です。

**2.** 空欄は冠詞と名詞の間にあります。通常ここには形容詞が入りますが「名詞＋名詞」という形もあるので文脈をとります。which 以下の部分に「即座の解決が要求される」とあるので urgent「緊急な」が正解です。

**訳▶** 労働争議は、ストライキを防ぐために即座の解決が要求される緊急の問題です。

### Word Network

[A] **urgent**　緊急の
**urgency**　名 緊急

[B] **agreement**　名 同意・協定
**agree with 人**　人に同意する
**agree to A**　Aに同意する
Aには「意見や提案」が来ます。

[C] **extent**　名 広さ・範囲
**to some extent**　ある程度　類 to some degree
**extensive**　形 広範囲の
**extension**　名 延長・内線
髪の毛に部分的につけるカツラを最近ではエクステといいますね。

[D] **investment**　名 投資
**invest**　動 ～を投資する　invest A in B　AをBに投資する

〈名詞＋名詞〉というパターンも出題されているのでチェックしておいてください。
construction company　建設会社　visa application　ビザ申請書
application form　申込書　job opening　求職
job interview　就職の面接

解答目標タイム 20 秒

**14.** Derek added a brief ------- description concerning the benefits package to the employment page of FMX Inc's Website.

(A) advisable
(B) considerable
(C) complimentary
(D) supplementary

□ **add A to B** AをBに加える
本問題ではAがa briefからpackageまで、Bがto以下の部分です。
□ **description** 名 説明・描写・記述
**describe** 動 ～を記述する・～を描写する
□ **concerning A** 前 Aに関する
類 regarding A, in regard to A, with regard to A
**concern** 動 ～に関係する・～を心配させる
be concerned about A Aについて心配する
that SV SがVすると懸念する
□ **benefit(s) package** 福利厚生
□ **employment** 名 雇用
**employ** 動 ～を雇う 類 hire, recruit

## 14. (D) supplementary

**1.** 選択肢には -able と -ary で終わる形容詞が並んでいます。

**2.** 空欄の後ろには description「説明」という名詞が来ています。この名詞を適切に修飾するのは supplementary「補足の」です。

**訳▶** デレックは、福利厚生に関する短い補足説明を FMX社のホームページの求人情報ページに加えた。

**Word Network**

A **advisable** 賢明な・望ましい

It is advisable for those wanting to go to Mt. Fuji to transfer at Shinjuku station.

「富士山に行きたい人は新宿駅で乗り換えたほうがいいです」

**advise** 動 ～に助言する

**advice** 名 助言

動詞が -se で名詞が -ce なので見間違えに注意です。

**advisor** 名 顧問・アドバイザー

B **considerable** かなりの 類 substantial

**considerably** 副 かなり

**considerate** 形 思いやりのある 反 inconsiderate 思いやりのない

C **complimentary** 無料の

complementary「補足的な」とスペルがややこしいので注意が必要です。

**complimentary refreshments** 無料の軽食

refreshments に「軽食」という意味もあることを知らないと food という答えを選べない問題が Part 7 に出題されています。動詞の refresh「～を元気づける・元気を回復する」も重要です。

D **supplementary** 補足の 類 additional, extra

**supplement** 名 補足 動 ～を補う

**supply** 動 ～を供給する 類 provide, furnish

⏰ 解答目標タイム 15 秒

**15.** Ms. Solice demonstrated her ------- knowledge of Telefusion Banking Systems during her presentation.

(A) tentative
(B) consecutive
(C) elusive
(D) comprehensive

☐ **demonstrate** 動 ～を実演する
**demonstration** 名 実演・デモ
☐ **knowledge** 名 知識
☐ **banking system** バンキングシステム・金融制度・銀行制度
**bank** 動 (銀行に) 預金する 名 銀行
☐ **during** 前 ～の間に
☐ **presentation** 名 プレゼンテーション
**make(/give) a presentation** プレゼンテーションをする
**present** 動 ～を送る 名 プレゼント・現在
形 現在の・出席している・存在している

形容詞が「現在の」という意味の場合は、present situation「現状」のように前から名詞を修飾します。「出席している」の意味の場合は、people present「出席している人々」というように後ろから名詞を修飾します。

## 15. (D) comprehensive

**1.** 選択肢には -ive で終わる形容詞が並んでいます。

**2.** 空欄の前には所有格、後ろには名詞が来ているので、後ろの名詞 knowledge を適切に修飾するものを選びます。

**3.** comprehensive「包括的な、幅広い」を入れれば、comprehensive knowledge「幅広い知識」となり意味が通ります。

**訳▶** ソリースさんはプレゼンテーション中に、テレフュージョン・バンキング・システムズに関する幅広い知識を披露した。

### Word Network

Ⓐ **tentative** 仮の・一時的な 類 temporary

attentive「注意深い」とスペルが似ているので要注意です。

Ⓑ **consecutive** 連続した 類 successive, serial, straight

**consequence** 名 結果 類 result

consequence は、よくない結果に使います。

**consequent** 形 結果として起こる

**consequently** 副 したがって

Ⓒ **elusive** わかりにくい 類 vague, intangible

反 tangible, clear, obvious 明白な

Ⓓ **comprehensive** 1) 包括的な 類 inclusive
2) 幅広い 類 extensive

**comprehend** 動 ～を理解する 類 understand, grasp

**comprehension** 名 理解（力）

**comprehensible** 形 理解できる 類 intelligible

-prehendは「つかむ」という意味です。日本語でも「概要をつかむ・把握する」といいますね。多くの言語で「つかむ」というのは「理解する」という意味に変化しています。

解答目標タイム 10 秒

**16.** It is ------- to keep your personal belongings with you at all times while in the airport.

(A) necessary
(B) delicate
(C) diverse
(D) professional

☐ **personal belongings** 私物
belongings「所持品」には常に -s がつきます。
**belong to** ～に所属している
☐ **at all times** 常に

## 16. (A) necessary

**1.** 選択肢には形容詞が並んでいます。

**2.** 空欄の前後を見ると前に it is、後ろに to不定詞があるので、it が to 以下を指す構文だとわかります。

**3.** 文脈をとると「空港では貴重品を常に携帯する」とあるので It is necessary to do「～するのは必要だ」の形が入ることがわかります。よって necessary が正解です。

It is necessary for you to be present at the meeting.「あなたがミーティングに出席することが必要だ」という、for 人 to do という形も頻出です。この構文をとる形容詞として有名なものに important「重要な」、essential「必須の」、natural「当然の」、convenient「便利な」、easy「簡単な」、difficult「難しい」などがあります。

**訳▶** 空港では、常に私物を身につけておくことが必要です。

### Word Network

Ⓐ **necessary** 形 必要な **necessarily** 副 必ず
**not necessarily** 必ずしも～ない 類 not always
**necessity** 名 必要 **necessitate** 動 ～を必要とする
necessary、necessarily は品詞問題頻出単語です。

Ⓑ **delicate** 繊細な
発音は「デリキット」で「デリケート」ではありません。音も確認しておきましょう。
**delicacy** 名 繊細さ・ごちそう

Ⓒ **diverse** 様々な 類 various
**diversity** 名 多様性
**divert** 動 ～をそらす

Ⓓ **professional** 専門職の 名 専門家
**profession** 名 職業 類 occupation, vocation

解答目標タイム 20 秒

**17.** The internship that Axion Inc. offers will be ------- in finding a job on your desired career path.

(A) striking
(B) obsolete
(C) feasible
(D) instrumental

□ **internship** 名 インターンシップ 略 intern
□ **desired** 形 望まれた
**desire** 動 ～を望む 名 欲望
□ **career path** 経歴・進路・昇進の道
□ **path** 名 小道・歩道 類 way
**by way of A** 前 Aを経由して 類 via A
**pedestrian road** 歩行者用道路
pedestrian「歩行者」は Part 1 でよく出てくる単語です。ped-は「足」を表します。pedal「ペダル」、pedicure「ペディキュア」などが日本語になっていますね。

## 17. (D) instrumental

**1.** 選択肢には形容詞が並んでいます。

**2.** 空欄の前に be 後に in＋動詞の -ing形があるので be instrumental in doing「～するのに役立つ・関与する」という表現を知っていれば instrumental を選べます。

文全体の主語は The internship で後から関係代名詞のかたまりが修飾しています。

| The internship | (that Axion Inc. offers) | will be | instrumental.... |
|---|---|---|---|
| **S** | **関係代名詞節** | **V** | **C** |

**訳▶** アクシオン社が提供するインターンシップは、望ましい経歴の仕事を見つけるのに役に立つだろう。

### Word Network

Ⓐ **striking** 目覚ましい・印象的な
**strikingly** 副 際立って
**strike** 動 ～を打つ・ストライキをする 名 ストライキ・攻撃
**go on strike** ストライキをする

Ⓑ **obsolete** 時代遅れの・すたれた
類 out-of-date, outdated 反 current

Ⓒ **feasible** 実行可能な
出題されたときはこの語を知らなくて困った人が多かったようです。
**feasibility** 名 実行可能性

Ⓓ **instrumental** 役に立つ
**instrument** 名 道具・器具・楽器
Part 1 の写真問題では「楽器」の意味でよく登場します。
A man is playing an instrument.「男性が楽器を演奏している」

Adverbs!

# 第5章
# 頻出副詞問題 17

よく出る副詞表現を
マスターしてしまおう!

頻出副詞問題、17問です。

**17問 × 20秒 = 340秒（5分40分）**

以内で解きましょう。

中・上級者は、「解答目標タイム」の

合計265秒（4分25秒）以内

を目指してください。

解答目標タイム 20 秒

**1.** Nelson Lionet goes abroad on business trips ------- as he works for a foreign trading company.

(A) likely
(B) frequently
(C) reportedly
(D) widely

□ **abroad** 副 海外に 類 overseas
通常副詞で使うので go to abroad のように to をつけてはいけません。go abroad, travel abroad のように使います。
**broad** 形 広い
**broaden** 動 ～を広げる
□ **business trip** 名 出張
**go on a trip** 旅行する
□ **foreign** 形 外国の
**foreigner** 名 外国人
□ **trading company** 貿易会社・商社
**trade** 名 取引・貿易 動 ～を交換する・～を取引する

## 1. (B) frequently

**1.** 選択肢には -ly で終わる副詞が並んでいます。

**2.** as 以下を読むと「海外の商社に勤めている」とあるので、frequently「よく」をいれれば goes abroad frequently「海外によく行く」となり意味が通ります。

**訳▶** ネルソン・リオネットは、外国商社に勤めているので、海外へ出張することがよくある。

### Word Network

(A) **likely** 副 おそらく 形 ありそうな

**be likely to do** 〜するようだ・〜しがちだ

反 be unlikely to do 〜しそうもない

「〜する傾向がある」という意味の表現はたくさんあります。
tend to do, be likely to do, be liable to do, be apt to do, be prone to do

(B) **frequently** よく・頻繁に 類 often

**frequent** 形 頻繁な

(C) **reportedly** 伝えられるところでは

**report** 動 報告する 名 報告書

(D) **widely** 広く

widely accepted(/received)「広く受け入れられている」、widely used「広く使われている」など過去分詞とともによく使われます。

**wide** 形 広い

**width** 名 広さ

⏰ 解答目標タイム 15 秒

**2.** A great number of workers in this branch not all the time, but -------, have lunch in this cafeteria.

(A) usually
(B) conscientiously
(C) probably
(D) individually

□ **a number of A** 多くのA（数えられる名詞に使う表現）
□ **branch** 名 支社・枝
**headquarters** 名 本社 類 head office
□ **not A but B** AではなくB
□ **all the time** いつも・年がら年中 類 always
□ **cafeteria** 名 カフェテリア・食堂

## 2. (A) usually

**1.** 選択肢には -ly で終わる副詞が並んでいます。

**2.** 空欄には not A but B「AではなくB」の B の部分にあたる語が入ります。A には all the time「いつも」という時間を表すフレーズが来ているので、usually「たいてい」を入れれば「いつもではないが、たいていは」となり意味が通ります。

**訳▶** この支店で働く非常に多くの人が、いつもではないが、たいていはこのカフェテリアで昼食をとっています。

### Word Network

A **usually** たいてい
**usual** 形 いつもの・通例の

B **conscientiously** 良心的に・入念に
**conscientious** 形 良心的な・用心深い
**conscience** 名 良心

C **probably** おそらく
**probable** 形 ありそうな
**probability** 名 可能性 類 possibility

D **individually** 個人で
**individual** 形 個人の 類 personal
in-「否定」divide「分ける」➡「これ以上グループに分けられない」から「個人」という意味になります。

⏰ 解答目標タイム 20 秒

**3.** All my colleagues except for Carlson have ------- signed up for the company's annual banquet

(A) already

(B) still

(C) yet

(D) beforehand

□ **except for A** A以外 類 except A

□ **sign up for A** Aに登録する 類 register for A

□ **annual** 形 年1回の・毎年恒例の

**anniversary** 名 ～周年記念日・記念行事

□ **banquet** 名 晩餐会・宴会

## 3. (A) already

**1.** 選択肢には時間に関する副詞が並んでいます。

**2.** 空欄の前後を見ると have...signed up「登録した」という現在完了形が来ています。この have と過去分詞の間に入れるのは already「すでに」だけです。

**訳▶** カールソン以外の同僚は皆、社の年次晩餐会にすでに参加登録をしました。

### Word Network

A **already** もう・すでに

完了形と使われることが多いですが、過去形や現在進行形とも使います。

He is already sleeping.「彼はもう寝ています」

B **still** まだ

He is still working on the assignment.
「彼はまだその課題に取り組んでいます」

C **yet** （否定文で）まだ ／（疑問文で）もう

He hasn' t finished the assignment yet.
「彼はまだその課題を終わらせていません」

Has he finished the project yet?
「彼はそのプロジェクトをもう終わらせましたか」

接続詞で「しかし」という意味にもなります。

D **beforehand** あらかじめ 反 afterward/afterwards 後で

beforehandとafterwardはどちらも頻出です。

解答目標タイム 15 秒

**4.** The receipts for transportation expenses have to be submitted as ------- as possible.

(A) quickly

(B) lately

(C) finally

(D) briefly

□ **transportation** 名 輸送・交通課機関

**public transportation** 公共交通機関

bus「バス」、train「電車」、subway「地下鉄」、ferry「フェリー」などをまとめた言い方です

□ **expense** 名 費用・支出 反 revenue, income 収入

□ **submit** 動 ～を提出する 類 hand in, turn in

□ **as ～ as possible** できるだけ～

## 4. (A) quickly

**1.** 選択肢には時間に関する副詞が並んでいます。

**2.** 文意をとると「交通費の領収書をできるだけ～提出する」とあります。空欄に quickly「素早く」を入れれば as quickly as possible「できるだけ早く」となり意味が通ります。as soon as possible「できるだけすぐに」も重要表現です。

**訳▶** 交通費の領収書は、できる限り早く提出しなければならない。

### Word Network

(A) **quickly** すばやく 類 swiftly, promptly

これはTOEIC最頻出単語のひとつです。

**quick** 形 すばやい quick response 即答

(B) **lately** 最近 類 recently

late系の単語は頻出です。

**late** 形 遅い 副 遅く

**later** 副 後で 形 もっと遅い

**latter** 形 後者の 反 former 前者の

formerly「副 以前は・かつて」も頻出です。

**latest** 形 最新の 類 current, up-to-date
反 out-of-date, outdated 時代遅れの

**last** 形 最後の at last ついに・最終的に
類 lastly, finally, in the end

(C) **finally** 最終的には 類 in the end, at last, lastly

**final** 形 最後の

(D) **briefly** 簡潔に・一時的に

**brief** 形 短時間の・簡潔な brief conversation 短い会話

解答目標タイム 15 秒

**5.** Mr. Roswell's team is going to announce its ------- analyzed plan this week.

(A) decidedly
(B) carefully
(C) fortunately
(D) really

□ **announce** 動 ～を発表する
**announcement** 名 発表・公表・お知らせ
an-「-に」-nounce「知らせる」というのが語源です。
□ **pronounce** 動 ～を発表する・発音する
**pronunciation** 名 発音
□ **analyze** 動 ～を分析する
**analysis** 名 分析

## 5. (B) carefully

**1.** 選択肢には -ly で終わる副詞が並んでいます。

**2.** 空欄の後ろには analyzed plan「分析された計画」という過去分詞＋名詞の形が来ています。この過去分詞 analyzed を適切に修飾できるのは carefully「注意深く・慎重に」です。他の選択肢も日本語に直すとよさそうですが analyzed を修飾できません。

**訳▶** ロズウェルさんのチームは今週、綿密に分析した計画を発表する。

### Word Network

(A) **decidedly** 決定的に 類 decisively
**decided** 形 はっきりした・断固とした
**decisive** 形 決定的な 類 conclusive
**decision** 名 決定
**decide** 動 決める

(B) **carefully** 注意深く・慎重に 類 deliberately
**careful** 形 注意深い
**care** 名 注意 動 気にかける
**cure** 動 ～を治す
**cure 人 of 病気** 人の病気を治す

(C) **fortunately** 幸いにも 反 unfortunately 不運にも
**fortunate** 形 幸福な
**fortune** 名 富・幸運

(D) **really** 本当に
**real** 形 本当の
**reality** 名 現実

⏰ 解答目標タイム 10 秒

**6.** ------- anyone can take part in the workshop as long as they are a new recruit.

(A) Easily
(B) Nearly
(C) Totally
(D) Correctly

□ **take part in A**　Aに参加する
類 participate in A, join (in) A, attend A
□ **workshop**　名 ワークショップ・研修会
□ **recruit**　名 新入社員　動 ～を募集する・～を雇う　類 employ, hire
□ **as long as SV**　SがVする限りは

as far as SV「SがVする範囲では」とごっちゃになってしまう人が多いですが、as long as には if「もし～なら」という意味が含まれると覚えておくといいです。
本文でも「新入社員である限り」➡「もしあなたが新入社員なら」という意味ですね。
as far as A be concerned「Aに関する限り」など as far as も「限り」と訳されるため混乱してしまいますが if に置き換えることはできません。
As far as I'm concerned, this color is better.
「私（に関する限り）は、この色のほうがよいです。」

## 6. (B) Nearly

**1.** 選択肢には -ly のついた副詞が並んでいます。

**2.** 空欄の直後に anyone という語があります。この語と相性がいいのは nearly「ほとんど」です。

通常、形容詞が名詞を修飾しますが、anyone、everyone、nothing、anything、everything などの頭に any、every、no といった形容詞がついた単語は副詞が修飾します。

nearly (/almost) everyone「ほとんど全員」

この問題文の they は anyone を受けています。he or she という表記もありますが、最近は性別のわからない単数の人を表すときには they がよく使われます。

**訳▶** 新入社員であれば、ほとんど誰でもこのワークショップに参加できる。

### Word Network

A **easily** 簡単に 類 readily
**easy** 形 簡単な

B **nearly** ほとんど
**near** 形 近い 前 ～の近くに
**neighbor** 名 隣人

C **totally** 完全に
**total** 形 全部の 名 合計

D **correctly** 正しく
**correct** 形 正しい 動 ～を訂正する
**correction** 名 訂正

collect「～を集める」、collection「収集」と混同しないように気をつけてください。

解答目標タイム 15 秒

**7.** All the subscribers to Metrin Internet Service Provider ------- receive news letters from them.

(A) economically

(B) intensively

(C) periodically

(D) concisely

□ **subscriber to A** Aの加入者・Aの定期購読者

□ **Internet Service Provider (ISP)** インターネット・サービス・プロバイダー

**provide A with B** AにBを供給する

□ **newsletter** 名 ニュースレター

インターネットを通して届くニュースレターは、日本語のメールマガジン（メルマガ）にあたります。

## 7. (C) periodically

**1.** 選択肢には -ly のついた副詞が並んでいます。

**2.** 文意をとると、「プロバイダーの加入者がニュ ースレターを受けとる」とあります。この receive「受けとる」を適切に修飾できるのは periodically「定期的に」です。

**訳▶** メトリン・インターネット・サービス・プロバイダーの加入者は皆、定期的にニュース・レターを受け取っている。

**Word Network**

Ⓐ **economically** 経済的に・節約して

**economical** 形 倹約する・安い

**economic** 形 経済の economic affairs 経済情勢

この２つはとてもややこしいので注意しましょう。

economics 名 経済学 economy 名 経済

Ⓑ **intensively** 集中的に・激しく

**intensive** 形 集中的な・激しい

短期間で集中してやることを表し、intensive course「集中講義」なんて形でよく使われます。

**intensity** 名 強度・激しさ

Ⓒ **periodically** 定期的に 類 regularly

この単語は「時々」という意味でも使われます。

**periodical** 形 定期的の 類 regular

**period** 名 期間

period には era, age と同じく「時代」という意味もあります。

Ⓓ **concisely** 簡潔に

**concise** 形 簡潔な 類 brief, short

解答目標タイム 10 秒

**8.** The attendees of the casual luncheon party are expected to be ------- dressed.

(A) automatically
(B) slowly
(C) informally
(D) slightly

□ **be expected to do** 〜するように期待される
expect A to do「Aが〜するのを予期する・期待する」の受け身でTOEIC頻出です。
-spectは「見る」を意味します。
prospect 見込み　inspect 〜を調べる

□ **be dressed** 服を着ている
**be dressed in A** Aを着ている 類 be wearing A
Thomas is dressed in a black tuxedo.
「トーマスは黒のタキシードを着ている」

**服を表す言葉**
clothes 服　clothing 服
garment 服　apparel 衣類　attire（特別な）衣装
この中でgarmentだけ数えることが出来ます。clothesは常に複数で、その他は不可算名詞です。

## 8. (C) informally

1. 選択肢には -ly のついた副詞が並んでいます。

2. 文意をとると、「カジュアルな昼食会の出席者は～に服を着ることが期待される」とあるので、informally (= casually)「カジュアルに」が正解だとわかる。

**訳▶** そのカジュアルな昼食会の出席者は、普段着で来るよう期待されている。

### Word Network

Ⓐ **automatically** 自動的に 反 manually 手動で
**automatic** 形 自動の 反 manual 手動の 名 マニュアル
**automation** 名 自動化
auto- は「自動」を表す接辞で、mani-、manu- は「手」を表す接辞です。manicure「マニキュア」が有名ですね。

Ⓑ **slowly** ゆっくり 反 quickly, promptly, swiftly
**slow** 形 遅い

Ⓒ **informally** 非公式に・カジュアルに 反 formally 公式に・正式に
**informal** 形 正式でない 類 casual 反 formal 公式な
**form** 名 形式・書式・申込用紙
formally「正式に」も formerly「以前は」もよく出る語ですが、カタカナでは同じ「フォーマリー」になってしまうので、区別して覚えることが必要です。

Ⓓ **slightly** わずかに
**slight** 形 ほんのわずかな

解答目標タイム 15 秒

**9.** Many tourists are visiting San Jose to see the ------- built landmark, the DG Tower Bridge.

(A) normally
(B) shortly
(C) currently
(D) recently

□ **tourist** 名 旅行者
**tour** 名 ツアー旅行
**detour** 名 回り道
□ **landmark** 名 目印・目立つ建物

San Joseはカタカナ語書きすると「サン・ホゼ」と読みます。アメリカ英語では音がくっついて「サンノゼ」に聞こえます。TOEICにも実際に出てきたこの名前ですが、スペイン語では j は h のような音なのでこういったことが起こります。

TOEICでは日本語、韓国語、スペイン語、フランス語など様々な言葉が人やお店の名前に使われます。受験にはあまり必要ない知識ですが、フランス語を知っておくとフランス料理店の記事やお店のメニューなどが読みやすかったり、実在する地名を知っておくとすんなり問題を解けることもあります。前に中国語の地名が駅名としてリスニングに出てきたとき、「知らない単語だ」と思考が止まってしまったことがありました。中国語を習っていた知り合いは難なくその問題を解答していましたが、自分は中国語であることすら気がつきませんでした。固有名詞を「固有名詞」と認識するのは意外に大事なことです。

## 9. (D) recently

**1.** 選択肢には -ly で終わる副詞が並んでいます。

**2.** 空欄の前後を見ると the ------- built landmark「～建てられた名所」という形、つまり「the/a ＋副詞＋過去分詞＋名詞」という TOEIC 頻出の形が来ています。recently を入れれば「最近建てられた」となり意味が通ります。実際に TOEIC で似たような問題が出題されたときは、currently「現在」を選んだ人が多かったですが「すでに」建てられている (built) 建物なのでここには置けません。

**訳▶** 最近建築された名所 DG Tower 橋を見に、多くの旅行者がサン・ホゼを訪れている。

### Word Network

A **normally** ふつうは・標準的に

**normal** 形 標準の・正常な 反 abnormal 異常な

**norm** 名 基準・標準

日本語のノルマは英語では quota といいます。

B **shortly** すぐに

「短く」という意味ではなくこの意味で通常使われます。
He went home shortly after he finished the assignment.
「彼は課題を終わらせた後、すぐに帰宅した。」

**short** 形 短い

C **currently** 現在 類 now, at present

**current** 形 現在の 類 present

current の意味は「流れ」が基本で、潮の流れ、時の流れを表します。また、お金の流れという観点から currency「通貨」という語も生まれました。

D **recently** 最近 類 lately

recently、lately は通常、現在完了と過去形とともに使います。
nowadays、these days「最近」は、通常現在形とともに使います。

**recent** 形 最近の

解答目標タイム 20 秒

**10.** All employees planning to attend the seminar have to submit their applications ------- to their supervisors.

(A) commonly
(B) directly
(C) regularly
(D) highly

□ **employee** 名 社員
□ **plan to do** ～する予定である
□ **attend** 動 ～に出席する
□ **submit** 動 ～を提出する 類 hand in
□ **application (form)** 名 申込書
□ **supervisor** 名 上司
**supervise** 動 ～を監督する

## 10. (B) directly

**1.** 選択肢には -ly で終わる副詞が並んでいます。

**2.** 文意をとると、「セミナーに参加しようとしている社員は皆～上司に申込書を提出しなければならない」となっています。よって directly「直接」を入れれば意味が通ります。セミナーに参加するのに、regularly「定期的に」申込書を提出するのはおかしいですね。

**訳▶** セミナーに参加しようと考えている社員は皆、申込書を上司に直接提出しなければならない。

### Word Network

Ⓐ **commonly** 一般に・通例
**common** 形 共通の・普通の
**have A in common** Aを共有している

Ⓑ **directly** 直接的に 反 indirectly 間接的に
**direct** 形 直接の 動 ～を指示する・～を監督する
ネイティブには「ディレクト」と発音する人と「ダイレクト」と発音する人がいます。
**director** 名 管理者・重役・監督
**direction** 名 方向・指示

Ⓒ **regularly** 定期的に
**regular** 形 通常の・規則的な 反 irregular 不規則な
**regulate** 動 ～を規制する
**regulation** 名 規制

Ⓓ **highly** 高く
何かを高く評価するときなどによく使われる表現です。

| | |
|---|---|
| highly respected | 高く尊敬される |
| highly recommended | 強くすすめられている |
| highly regarded | 高く評価される |

類 highly prized, highly valued

解答目標タイム 15 秒

**11.** The newly-introduced marketing method proved to be more useful than ------- thought.

(A) initially
(B) steadily
(C) occasionally
(D) clearly

□ **newly** 副 新たに
□ **introduce** 動 ～を導入する
**introduction** 名 導入・紹介
intro-「中に(inter)」-duce「導く」という語源からできている単語です。
□ **method** 名 方法
□ **prove to be A** Aだとわかる 類 turn out to be A
どちらもto be が省略され prove A、turn out A となることもあります。
□ **useful** 形 役に立つ 類 helpful

## 11. (A) initially

1. 選択肢には -ly で終わる副詞が並んでいます。

2. 空欄の前後を見ると、more useful than ------- thought「～思われていたよりも役に立つ」とあります。この thought を適切に修飾できるのは initially「当初」です。

   こういった「もともと思われていたより」という表現は多く、than initially(/originally) expected(/anticipated) などがあります。

訳▶新たに導入された販売方法は、当初考えられていたよりも役立つことがわかった。

### Word Network

Ⓐ **initially** 最初に・当初

**initial** 形 最初の

頭文字のことをイニシャルというので覚えやすいですね。

**initiate** 動 ～を始める 類 commence, start, begin

Ⓑ **steadily** 着実に

**steady** 形 安定した 類 stable 反 unsteady

Ⓒ **occasionally** 時々 類 sometimes

**occasional** 形 時折の

**occasion** 名 状況

**on ～ occasion** ～の際に 類 in ～ situation ～な状況で

前置詞が違うことに注意。

Ⓓ **clearly** 明らかに

**clear** 形 明らかな 類 obvious

動 ～を片付ける

**clearance** 名 撤去・決算

在庫一掃という意味でも使われます。clearance sale「クリアランス・セール」というフレーズが有名ですね。

解答目標タイム 15 秒

**12.** Moore Auto succeeded in advertising their new model ------- to their loyal customers.

(A) relatively
(B) effectively
(C) exactly
(D) officially

□ **succeed in A**　Aを成功する
**successful** 形 成功した
**success** 名 成功
□ **advertise** 動 ～を宣伝する
**advertisement** 名 広告 略 ad
□ **loyal customers**　ひいき客
よその店には行かず確実にまた来てくれるお客さんのことです。

**お客を表す語は重要です。**

| | |
|---|---|
| custormer 顧客 | client 取引先や弁護士などの依頼人 |
| guest ホテルの客・招待客 | passenger 乗客 |
| visitor 訪問客・観光客 | patron ひいき客（頻繁に来る客） |

## 12. (B) effectively

1. 選択肢には -ly で終わる副詞が並んでいます。

2. 空欄の前後を見ると、advertising their new model ------- to their loyal customers「ひいき客に新しいモデルを～宣伝する」という文脈になっています。ここに入るのは effectively「効果的に」です。

訳▶ムーア・オート社は、新しいモデルをひいき客に効果的に宣伝することに成功した。

**Word Network**

A **relatively** 比較的に
**relative** 形 関係のある・相対的な
**relative(s)** 名 親戚
**relation** 名 関係
**relationship** 名 関係
**relationship between A and B** AとBの関係
relationは人間関係を表す時には使われませんので注意しましょう。
**relate** 動 ～を関係づける
**A is related to(/with) B** AはBと関係がある

B **effectively** 効果的に
**effective** 形 効果的な・有効な 反 ineffective
以下のような文脈で出題されたことがあります。
The system will become effective on April 10.
「そのシステムは4月10日より適用されます」
**effective in doing** ～するのに効果的だ

C **exactly** 正確に・まさに 類 accurately
That's exactly what I wanted.
「まさにそれが私の欲しかったものです」
**exact** 形 正確な・厳密な 類 accurate

D **officially** 公式に 類 formally, publicly 反 unofficially
**official** 形 公の 類 formal, public 反 unofficial

グルグル 1 月 日 2 月 日 3 月 日 4 月 日 5 月

解答目標タイム 20 秒

**13.** The CEO announced today in the press conference that the new project is progressing ------- thus far.

(A) generously
(B) entirely
(C) repeatedly
(D) satisfactorily

□ **CEO (Chief Executive Officer)** 経営最高責任者の略語
□ **press conference** 記者会見
□ **the press** 名 報道機関・出版業
字を紙に押しつけることから、出版・報道を表す言葉が生まれました。
□ **announce** 動 ～を発表する・～を知らせる
**announcement** 名 お知らせ
□ **project** 名 プロジェクト・計画
pro-「前へ」-ject「投げ出す」ということから投影する意味に、pro-「先に」-ject「言う」ということから「計画」という意味にもなります。
**projector** 名 プロジェクター
□ **progress** 動 前進する 名 進展
□ **thus far** これまでのところ 類 so far, up to now

## 13. (D) satisfactorily

1. 選択肢には -ly で終わる副詞が並んでいます。
2. 空欄の前後を見ると、the new project is progressing「新しいプロジェクトが進行している」とあります。この文脈で動詞 progress を適切に修飾するのは satisfactorily「満足のいくように」です。

**訳▶** 経営最高責任者は今日の記者会見で、新しいプロジェクトはこれまでのところ満足のいくものであると発表した。

### Word Network

A **generously** 寛大に
**generous** 形 寛大な
人だけでなく generous salary「高い給料」のようにも使います

B **entirely** 完全に・全体に 類 altogether, completely
**entire** 形 全体の・完全な 類 complete

C **repeatedly** 繰り返して
**repeated** 形 繰り返された
**repeat** 動 繰り返す
**repetition** 名 繰り返すこと

D **satisfactorily** 申し分なく
**satisfactory** 形 満足のいく
**satisfy** 動 ～を満足させる
**satisfaction** 名 満足

解答目標タイム 15 秒

**14.** The newly-introduced evaluation system will be ------- useful to floor managers who are dissatisfied with the attitudes of their sales clerks.

(A) preferably

(B) particularly

(C) punctually

(D) patiently

□ **evaluation** 名 評価
**evaluate** 動 ～を評価する

□ **floor manager** フロア・マネージャー、売り場主任

□ **be dissatisfied with A** Aに不満である
反 be satisfied with A Aに満足している

□ **useful** 形 役立つ 類 of use

□ **attitude** 名 態度

□ **sales clerk** 販売員 類 sales representative
**clerk** 名 店員・事務
**clerical** 形 事務の・書記の
**clerical cost** 事務費

## 14. (B) particularly

1. 選択肢には -ly で終わる副詞が並んでいます。

2. 空欄の後の形容詞 useful「役に立つ」との相性を考えます。particularly「特に」を入れれば、「売り場主任に特に役立つ」となり意味が通ります。

**訳▶** 新たに導入された評価システムは、販売員の態度に不満を抱えている売り場主任に特に役立ちます。

**Word Network**

(A) **preferably** 好んで

**preferable** 形 好ましい

あるものよりもこちらのほうが「好ましい」という比較表現に使います。

**prefer A to B** BよりAを好む

**preference** 名 好み

(B) **particularly** 特に

**particular** 形 特定の

ある part「部分」に注目する、というのが語源です。

(C) **punctually** 時間通りに 類 on time

**punctual** 形 時間通りの 反 late

**punctuality** 名 時間を守ること

(D) **patiently** 辛抱強く

**patient** 形 我慢強い 反 impatient 我慢できない

名 患者

**patience** 名 忍耐

解答目標タイム 15 秒

**15.** ETX's sales figures have dropped ------- over the last three months since CEO Michael Kirk resigned.

(A) efficiently
(B) sharply
(C) transitionally
(D) personally

□ **sales figures** 売上(高)
□ **drop** 動 下落する 名 下落
□ **over (/for) the last (/past) ~ months** ここ~カ月
these ~ months「ここ~カ月」とも言い換えられます。
□ **resign** 動 辞任する
**resign from A** Aを辞職する
**resignation** 名 辞任・辞表

## 15. (B) sharply

1. 選択肢には -ly で終わる副詞が並んでいます。
2. 空欄の前には drop「落ちる」という単語があることに注目します。正答は、「上がる・落ちる」といった単語を修飾するときによく使われる sharply「急激に」です。

**訳▶** ETX の売上高は、最高責任者のマイケル・カークが辞職して以来ここ3カ月急激に減少した。

**Word Network**

A **efficiently** 効率よく

**efficient** 形 効率のいい 反 inefficient 効率の悪い

これは人にも使えます。efficient personは「有能な人」という意味です。

**efficiency** 名 効率

B **sharply** 急激に

**increase(/rise) sharply** 急激に上がる

**decrease(/drop/fall) sharply** 急激に落ちる

**sharp** 形 とがった・(角度が) 急な

角度が急であることを表す語なので上がる・下がると相性がいいです。

C **transitionally** 過渡的に

**transitional** 形 過渡期の・移り変わる

**transitional measure** 経過措置

**transitional management** 移行管理

**transition** 名 移り変わり

**transit** 名 通過・輸送・推移 動 乗り換える

**transit cost** 輸送費用 **transit cargo** 接続貨物

cargo ship「貨物船」は Part 1 で出てくることがあります。

D **personally** 個人的に 類 in person

**personal** 形 個人の・個人的な 類 individual

**person** 名 人

**personnel** 名 人材

解答目標タイム 15 秒

**16.** LOD Corp. ------- distorted the facts so as to sell their products to elderly people living off retirement funds.

(A) loyally

(B) environmentally

(C) purposely

(D) approximately

□ **distort** 動 ～をゆがめる

□ **so as to do** ～するために 類 in order to do

□ **live off** ～で生計を立てる

□ **elderly people** 高齢者 類 the elderly

**elder** 形 年上の

olderと似ていますがelderは補語になれず、elder brother「兄」のように名詞を修飾する形でしか使われません。

□ **retirement funds** 退職後のための貯金

## 16. (C) purposely

1. 選択肢には -ly で終わる副詞が並んでいます。
2. 文意をとると、「LOD 社が自社の製品を売るために事実をゆがめた」とあります。この distort「～をゆがめる」を適切に修飾できるのは purposely「故意に・わざと」です。

訳▶LOD 社は、退職後のために貯めたお金で生計を立てている高齢者に自社の製品を売るために故意に事実をゆがめた。

### Word Network

Ⓐ **loyally** 忠実に

**loyal** 形 忠誠な・忠実な

royal「王室の」と混同しないように注意しましょう。

**loyalty** 名 忠誠・誠実

Ⓑ **environmentally** 副 環境面で

**environmental** 形 環境の

**environment** 名 環境 類 surroundings, circumstances

environ「囲む」、round「周り」、circum(circle)「環」、とどれも「周り」に関する接辞が入っています。

Ⓒ **purposely** 故意に・わざと
類 deliberately, intentionally, on purpose

**purpose** 名 目的

**purposeful** 形 意味深長な・意図的な

Ⓓ **approximately** 大体・約 類 about, around

The listening test will last approximately 45 minutes.
「リスニングテストは約 45 分間続きます」

TOEICのディレクションで必ず聞く表現ですね。

**approximate** 形 おおよその

**proximity** 名 近接 類 closeness, nearness

解答目標タイム 15 秒

**17.** The annual branch managers' meeting is scheduled to be held at the head office at ------- 3 P.M. next Wednesday.

(A) precisely

(B) exclusively

(C) extremely

(D) actually

□ **be scheduled to do** ～する予定になっている

□ **be held** 開かれる 類 take place

□ **head office** 本社 類 headquarters

「next＋曜日」という表現は通例「次の週の～曜日」という意味になります。もし今日が月曜日で今週の水曜日という場合は、this (coming) Wednesdayです。

## 17. (A) precisely

1. 選択肢には -ly で終わる副詞が並んでいます。

2. 空欄の後には3 P.M. という時間がきています。この時間を適切に修飾できるのは precisely「(時間) ちょうど」です。

**訳▶** 毎年恒例の支店長会議は、来週水曜日の午後3時ちょうどに本社で開かれる予定です。

**Word Network**

Ⓐ **precisely** 正確に・ちょうど 類 exactly
**precisely(/exactly) the same way** まったく同じ方法
**precise** 形 正確な 類 exact, accurate, correct
**precision** 名 正確さ

Ⓑ **exclusively** 排他的に・独占的に
**exclusive** 形 排他的な・独占的な
**exclude** 動 ～を排除する 類 eliminate 反 include ～を含む
**exclusiveness** 名 排他 類 exclusivity
ex-「外に」-clude/clusive「閉じる」➡「閉め出す」という意味です。

Ⓒ **extremely** 極端に **extreme** 形 極端な **extremity** 名 先端

Ⓓ **actually** 実際に・実際は 類 in fact
**actual** 形 実際の
This is the actual piano Beethoven played.
「これはベートーベンが演奏した本物のピアノです」

**～時ちょうどを表す表現**
**precisely/exactly**
We will arrive at precisely 1 o'clock. / We will arrive at 1 o'clock precisely.「私たちは1時ちょうどに着きます」のように時間の後ろからも修飾できるので要注意です。
exactlyもpreciselyと同じ位置になります。
**sharp** The movie begins at 1 o'clock sharp.
**promptly** We will arrive promptly at 1 o'clock.
「私たちは1時ちょうどに着きます」

Prepositions & Conjunctions!

第6章

# 前置詞・接続詞問題8

まとめて整理しておけば
怖くない!!

頻出前置詞・接続詞問題、8問です。

**8問 × 20秒 = 160秒 (2分40分)**

以内で解きましょう。

中・上級者は、「解答目標タイム」の

合計130秒(2分10秒)以内

を目指してください。

⏰ 解答目標タイム 15 秒

**1.** An important role of middle managers is to mediate ------- labor and the board.

(A) between

(B) despite

(C) until

(D) without

□ **middle-manager** 名 中間管理職

□ **mediate** 動 ～を調停する

**mediation** 名 調停

meditate「瞑想する」、meditation「瞑想」、medicate「薬で治療する」、medication「医薬品」。ややこしいので注意しましょう。

□ **conflict** 名 衝突

con-「共に」-flict「打つ」➡「打ち合う」というのが語源です。

□ **labor** 名 労働者（集合名詞）

1人1人を表すときはlaborerです。

□ **board** 名 役員会・取締役会

## 1. (A) between

**1.** 選択肢には前置詞が並んでいます。

**2.** 前置詞問題は前の動詞や名詞や形容詞、後ろの名詞がヒントになります。

今回は後に A and B の形があることから between A and B「AとBの間に」の構文だとわかります。

**訳▶** 中間管理職の重要な役割は、労働者と役員の間をとりなすことだ。

### Word Network

Ⓐ **between** ～の間に

Ⓑ **despite** ～にもかかわらず 類 in spite of

後ろに主語・動詞を置く場合は接続詞の although、though を用います。

Ⓒ **until** ～までずっと 類 till

接続詞としての用法もあります。

Ⓓ **without** ～なしに

**TOEICに出てくる等位接続詞のパターン**

| | |
|---|---|
| both A and B | AもBも両方 |
| either A or B | AかB |
| neither A nor B | AもBも～ない |

基本の3パターンの他に以下のようなパターンも出題されています。

| | |
|---|---|
| whether A or B | AかBかどうか |
| between A and B | AとBの間に |
| A as well as B | Bと同様にA |
| A rather than B | BというよりはむしろA |
| not A but B | AではなくB |
| not only A but (also) B | AだけでなくBも |

類 not simply A but B, not merely A but B, not just A but B, not only A but B as well

解答目標タイム 15 秒

**2.** ------- visiting many countries, Ms. Murphy learned a lot of managerial strategies.

(A) Because

(B) If

(C) While

(D) Though

□ **country** 名 国

□ **learn** 動 ～を習う

□ **a lot of A** 多くのA

可算名詞・不可算名詞のどちらの前にも置けます。
plenty of A「たくさんのA」もどちらにも使えます。

□ **managerial** 形 マネジメントの

**management** 名 マネジメント

□ **strategy** 名 戦略

## 2. (C) While

**1.** 選択肢には接続詞が並んでいます。

**2.** 接続詞の後ろには通常、主語＋動詞のかたまりが来ますが、この問題では動詞の -ing形が来ています。この形をとれる接続詞は選択肢の中で While「～の間に」だけです。

While の後ろには主語＋動詞、動詞の -ing 形がきます。During の後ろには名詞が来ます。この3つの構文は TOEIC に頻出です。下記の例文でしっかり形を覚えておきましょう。

While she was visiting Japan, Ms. Murphy learned a lot of managerial strategies.

While visiting Japan, Ms. Murphy learned a lot of managerial strategies.

During her visit to Japan, Ms. Murphy learned a lot of managerial strategies.

「日本を訪問中に、マーフィーさんは多くのマネジメント戦略を学んだ」

**訳▶** 多くの国を訪問する間に、マーフィーさんは多くのマネジメント戦略を学んだ。

**Word Network**

Ⓐ **because** ～なので 類 since, as

Ⓑ **if** もし～なら

wonder、know、be sure などの後ろで名詞節になり「～かどうか」という意味で登場することもあります。
I don't know if he will come.「彼が来るかはわかりません」

Ⓒ **while** 1) ～の間
2) ～だが 類 whereas

Ⓓ **though** ～にもかかわらず

「～にもかかわらず」と似た意味を表す despite、in spite of は前置詞なので後ろに名詞が来ます。

解答目標タイム 15 秒

**3.** The section chief decided to order exactly the same amount of office supplies ------- last time.

(A) except
(B) near
(C) beside
(D) as

□ **section chief** 課長
□ **decide to do** ～すると決める
□ **order** 動 ～を注文する・～を命令する 名 注文・順序・秩序
□ **exactly** 副 ちょうど
□ **office supplies** 事務用品
□ **last time** 前回
**next time** 次回
**the following time** その次の回
**the previous time** その前の回

## 3. (D) as

1. 選択肢には前置詞として使われる語が並んでいます。
2. 空欄の前の名詞句を見ると the same… となっていますので、the same ～ as A「A と同じ～」の構文だとわかります。よって as が正解です。

このように TOEIC では正解のヒントになる部分が離れていることがよくあります。今回も the same と as の間に4語あります。これによって簡単な文法や語法を問う問題でも難易度が上がります。

**訳▶** 課長は事務用品を、前回とまったく同じ量注文することを決めた。

### Word Network

Ⓐ **except** ～を除いて 類 except for A
No one except John went to the conference.
「ジョン以外誰もその会議に行かなかった」

Ⓑ **near** 前 ～の近くに
**near** 形 近い 副 近くに
**nearby** 形 近くの 副 近くに
建て物などが自分のいる場所から近い時に nearby はよく使われます。
**next to A** Aの隣に

Ⓒ **beside** ～のそばに
besides「～に加えて（前置詞）・その上（副詞）」と混同しないように注意しましょう。

Ⓓ **as** 前 ～として 接 ～する時・～なので・～するように
even as「～にもかかわらず・～している時でさえ」という接続詞が出題されたこともありました。

解答目標タイム 15 秒

**4.** ------- the initial cost of construction is a bit high, the new branch will make a profit in the long run.

(A) Therefore

(B) However

(C) Even if

(D) Since

- □ **initial cost** 初期費用・原価
- □ **construction** 名 建設・工事 反 destruction 破壊
  **construct** 動 ～を建設する 反 destroy ～を破壊する
- □ **a bit** 少し 類 a little bit, a little
- □ **make a profit** 利益を生む
- □ **in the long run** 長い目で見れば・結局 類 in the end, eventually

## 4. (C) Even if

**1.** 空欄には接続詞が並んでいます。

**2.** 文を見ると、the...cost is と the...branch will make という主語・動詞のかたまりが2つあります。よって［接続詞 SV］, SV という形をとって2つの文をつなぐ働きのない接続副詞 Therefore と However はここには置けません。

**3.** 最初の SV は「工事の初期費用が高い」と、そして2つ目の SV は「利益をあげる」とあることから、逆説の Even if「たとえ～でも」がここに入ることがわかります。

**訳▶** たとえ初期費用は少し高くとも、長い目で見れば、新しい支社は利益を収めるだろう。

### Word Network

Ⓐ **therefore** それゆえに・したがって
類 consequently, in consequence, as a result

Ⓑ **however** しかし
接続副詞は Part 6 で正答として登場し、前の文とのつながりを表します。
He is rich. Therefore, he can afford the car.
「彼はお金持ちだ。だからその車を買える余裕がある」
He is rich. However, he doesn't intend to buy a car.
「彼はお金持ちだ。しかし、車を買う気はない」
接 however 形容詞／副詞 SV たとえどれほど～でも
However rich you are, I still can't marry you.
「あなたがどれだけお金持ちでも、結婚はできません」

Ⓒ **even if** たとえ～でも 類 even though
even if は if が使われているので「仮定」になります。even though the cost is a bit high といえば、コストが少し高いことは確実だというニュアンスが入ります。

Ⓓ **since** 1) ～なので 類 because, as 2) ～からずっと
I have been working here since I graduated from college.
「大学を卒業してからずっとここで働いています」

解答目標タイム 20 秒

**5.** ------- a handsome salary, the leading company, Colex Inc., offers many kinds of generous benefits.

(A) In regard to

(B) In response to

(C) In addition to

(D) In contrast to

□ **handsome salary** 高い給料

□ **leading** 形 主要な・一流の

leading company は他をひっぱっていく会社ですね。この leading は頻出です。

**lead** 動 ～を導く・案内する

□ **offer** 動 ～を与える

□ **many kinds of A** 多くの種類のA

□ **generous** 形 寛大な・気前のよい

**generosity** 名 寛大さ

□ **benefits** 名 手当・給付金　benefit 利益

動詞の「～の利益になる」も出題されています。

**benefit(s) package** 福利厚生

**beneficial** 形 役に立つ

## 5. (C) In addition to

1. 選択肢を見るとinではじまりtoで終わる群前置詞が並んでいます。

2. 空欄の後ろにはa handsome salary「高い給料」、そしてその後ろには、「会社が多くの手当を与える」という文が続いています。どちらもプラスの内容なので、追加の意味を表すin addition to A「Aに加えて」が正解です。

訳▶主要企業のコーレックス社は、給料がいいだけでなくさまざまな手当を与えている。

**Word Network**

A **in regard to A**　Aに関して　類 with regard to, regarding
**regard**　名 関連・点
**regards**　名 よろしくとの伝言
Please give my best regards to Mr. Fish.
「フィッシュ氏によろしくお伝えください」
**regard A as B**　AをBとみなす

B **in response to A**　Aに応えて　類 in answer to A
**respond to A**　Aに応える

C **in addition to A**　Aに加えて
in addition toは前置詞ですが、in addition「さらに」は副詞の働きをし、additionally、moreoverなどと同じ意味になります。

D **in contrast to A**　Aと比べて　類 in contrast with A
副詞句のin contrast、by contrast「対照的に・それに比べて」も覚えておきましょう。

解答目標タイム 20 秒

**6.** Davis Potter inspected the venue of the conference ------- to confirm that every event would go smoothly.

(A) in fact

(B) in place

(C) in advance

(D) in case

□ **inspect** 動 ～を調べる・～を視察する
類 examine, investigate

□ **venue** 名 会場
大きなイベントのための会場を表すときに使います。

□ **conference** 名 カンファレンス・会議

□ **confirm** 動 ～を確認する 類 verify

□ **go smoothly** うまくいく

## 6. (C) in advance

**1.** 選択肢には in＋名詞のイディオムが並んでいます。空欄の直後に to do があるので in order to do「〜するために」としたいところですが選択肢にはありません。

**2.** 文意をとると「デイビスがすべてのイベントがうまくいくかを確かめるため会議の会場を視察した」とあります。よって、ここに in advance「あらかじめ」を入れれば「あらかじめ会場を訪れた」となり意味が通ります。

**訳▶** デイビス・ポッターは、すべてのイベントがうまくいくことを確認するために、会議会場を前もって視察した。

### Word Network

A **in fact** 実際に・実際は 類 actually

順接「実際に〜だ」と逆接「実際は〜だ」、どちらにも使われる表現です。

B **in place** 準備万端で・実施されて・就任して

Everything is in place. = Everything is ready.

**in place of A** Aの代わりに

**place** 動 〜を置く

**place an order** 注文する 類 make an order

fill an order、meet an order「注文に応じる」も覚えておきましょう。

C **in advance** あらかじめ・前もって

**advance** 名 進歩 動 前進する

**advancement** 名 前進・出世

D **in case** 念のため

just in caseという形でよく使われます。

**in case SV** 接 万が一SがVする場合は

**in case of A** 前 もしAの場合は・Aに備えて

他にも in short、in brief、in sum「つまり」(類 that is、that is to say、briefly) などが「in＋名詞」の重要表現にあります。

解答目標タイム 20 秒

**7.** Flight attendants have to help all passengers on board evacuate quickly ------- an emergency.

(A) in terms of

(B) in the event of

(C) in accordance with

(D) in compliance with

□ **flight attendant** フライト・アテンダント、客室乗務員
cabin attendant よりもこちらのほうが一般的によく使われます。集合的にあらわす場合はcabin crewといいます。

□ **help** 動 ～を助ける 名 助け
類 aid 動 ～を助ける 名 援助・救済

□ **help A (to) do** Aが～するのを手伝う
本文では passengers がA、evacuate が do に対応しています。

□ **passenger** 名 乗客
**evacuate** 動 避難する
**evacuation** 名 避難 evacuation drill 避難訓練

□ **on board** （船や飛行機に）乗った
**board** 動 搭乗（乗船／乗車）する
**boarding pass** 搭乗券

□ **emergency** 名 緊急事態

## 7. (B) in the event of

**1.** 選択肢には in ＋名詞＋前置詞のかたまりで前置詞の働きをする句が並んでいます。

**2.** 文意をとると「搭乗員は乗客が避難するのを手伝う」とあります。空欄の後ろには an emergency「緊急事態」が来ているので、in the event of A「Aの際には」を入れれば「緊急時には」となり意味が通ります。in accordance with A、in compliance with A はどちらも「Aに従って」という意味で、A には通常 regulation「規則」や law「法律」などルールに関する語が来ます。

**訳▶** 緊急時に、搭乗員は、飛行機に乗っているすべての乗客が速やかに避難できるよう手助けをしなければならない。

### Word Network

Ⓐ **in terms of A**　Aの観点から・Aに関して

**term**　名 期間・用語・間柄

on…terms with A「Aと～の間柄だ」という表現もあります。
I'm on good terms with my boss.「私は上司と仲がよい」

Ⓑ **in the event of A**　Aの際には

**event**　名 出来事

Ⓒ **in accordance with A**　Aに従って

**accordance**　名 一致

**accord**　動 一致する　名 調和・合意　類 agreement

**accord with A**　Aと一致する

according to A「Aによると」も忘れてはいけない頻出表現です。

Ⓓ **in compliance with A**　Aに従って

**compliance**　名 順守

**comply with A**　Aに従う・応じる

解答目標タイム 10 秒

**8.** The figure shows that Unif's new product has become popular ------- young people.

(A) among
(B) during
(C) within
(D) past

□ **figure** 名 数字
□ **product** 名 製品
**produce** 動 ～を生産する
produce は名詞で「農産物」という意味にもなります。Part 1 の写真問題で vegetables や fruits が写っているものにこの単語が使われたこともあります。

## 8. (A) among

**1.** 選択肢には前置詞が並んでいます。

**2.** 空欄の前には has become popular「人気が出た」が、後ろには young people「若い人々」が来ています。よって among を入れれば「若者の間で人気が出た」となり意味が通ります。during の後には時間を表す語句が来ます。

**訳▶** ユニフ社の新製品は、若者の間で人気が出たことをその数字は示している。

### Word Network

Ⓐ **among** (3つ以上の漠然としたもの)の間

今回は「若者」という漠然とした人々の間なので among ですが、This was an agreement between China, Russia, and Japan.「この協定は、中国、ロシア、日本の間で結ばれた」のように個々がはっきりしている場合は between を使います。

Ⓑ **during** (時間)の間に

もともと dure「続く」という語の進行形でしたが、もともとの動詞はなくなってしまいました。

**duration** 名 継続期間

Ⓒ **within** ～以内に

I have to complete the assignment within 24 hours.

「24時間以内に課題を終わらせなければなりません」

Ⓓ **past** ～を過ぎて 形 過去の

We need to go past that tower to get there.

「そこに着くには、その塔を通り過ぎる必要がある」

もちろん名詞で「過去」という意味もあります。「現在」は present、「未来」は future ですね。

Test Yourself!

# 第7章
# 実力チェック問題10

自分の実力と
弱点を知ろう!

実力チェック問題、10問です。

**10問 × 20秒 = 200秒（3分20分）**

以内で解きましょう。

中・上級者は、「解答目標タイム」の

合計165秒（2分45秒）以内

を目指してください。

解答目標タイム 15 秒

**1.** The new president Jeffery Okabe is supposed to ------- everyone concerning the company's new policy today.

(A) address

(B) talk

(C) confess

(D) refer

□ **president** 名 社長
the President「大統領」という意味も有名ですね。

□ **be supposed to do** 〜することになっている

□ **concerning A** 前 Aに関して 類 regarding A

□ **policy** 名 政策・方針
**basic policy** 基本方針

## 1. (A) address

**1.** 選択肢には「話す」系の動詞が並んでいます。

**2.** まず、空欄の後ろに everyone という目的語があるので、通常自動詞で使われる talk、refer は置けません。

**3.** 次に目的語になっているのは everyone という「人」なので、confess「～を告白する」は置けません。よって正解は、人を目的語にとれる address「～に向けて話す」になります。

**訳▶** 会社の新社長であるジェフェリー・オカベは今日、会社の新しい基本方針について皆に話すことになっている。

### Word Network

A **address** 他 ～に話をする・～に演説する・～を述べる

他にも「(問題など) に対処する・取り組む」という意味があります。

**address the needs** ニーズに応じる 類 meet the needs

**address** 名 演説 類 speech

もちろん「住所」の意味もあります。

B **talk** 自 話す

**talk of (/about) A** Aについて話す 類 discuss A

**talk to (/with) A** Aと話す

C **confess** 他 ～を告白する・～だと認める 類 admit ～だと認める

**confession** 名 告白

D **refer** 自 言及する

**refer to A** 1) Aに言及する 類 mention A
2) Aを参照する 類 consult, look up A

**reference** 名 参考・照会状・推薦状・照会先

解答目標タイム 15 秒

**2.** Mr. Davis was so busy that he forgot to send his ------- along with his references.

(A) relocation
(B) prediction
(C) application
(D) transition

□ **so ～ that SV** とても～なのでSV
□ **busy** 形 忙しい
**be busy with A** Aで忙しい
**be busy doing** ～するのに忙しい
□ **forget to do** ～することを忘れる
forget doing は「～したことを忘れている」という意味です。
□ **along with A** Aと一緒に
□ **reference** 名 照会状・推薦状

## 2. (C) application

**1.** 選択肢には -ion で終わる名詞が並んでいます。

**2.** 空欄の前の動詞は send なので、目的語には送るものがくることがわかります。また、along with「～と一緒に」に注目すると references「照会状・推薦状」と一緒に送るものだとわかります。よって正解は application「申込書」です。

**訳▶** デイビス氏はとても忙しかったので、照会状と一緒に申込書を送るのを忘れてしまった。

### Word Network

A **relocation** 名 移転・再配置
**relocate** 動 ～を移転する
**locate** 動 ～(の場所)を見つける
**location** 名 場所・位置

B **prediction** 名 予測・予言
**predict** 動 予測する・予言する 類 forecast, foretell
pre-「前もって」-dict「言う」、fore-「前もって」-cast「発する」fore-「前もって」-tell「言う」と3語とも似た語源です。

C **application** 名 申込(書)
**apply** 動 申し込む

D **transition** 名 移り変わり
trans-「変わる・超える」ではじまる重要語はたくさんあります。
transit 名 通過・運送・乗り換え
transaction 名 取引
transact 動 (業務・取引など)を行う
translation 名 翻訳
translate 動 ～を翻訳する

解答目標タイム 15 秒

**3.** AMZ Inc. has to ------- the cause of the problem that it has faced over the past two months.

(A) audit

(B) pardon

(C) identify

(D) accommodate

□ **cause** 名 原因 動 ～を引き起こす
類 result in, lead to, give rise to, give birth to
**cause A to do** Aに～させる

□ **face** 動 ～に直面する 名 顔
Part 1に「～の方向を向く」という意味でよく出ます。

□ **over the past (/last) ～ months** ここ～カ月
year「年」、decade「10年」なども使われます。
over the last two decades ここ20年の間
また、未来を表す時にも使えます。
over the coming decades 今後数十年にわたって

## 3. (C) identify

**1.** 選択肢には動詞が並んでいます。

**2.** 空欄の後ろには the cause of the problem「問題の原因」が来ています。つまり、これを目的語にとれる語を選びます。identify「～を特定する」であれば「問題の原因を特定する」となり意味が通ります。

**訳▶** AMZ社は、ここ2カ月直面している問題の原因を即座に特定しなければならない。

### Word Network

Ⓐ **audit** 動（会計簿など）を監査する 名 監査
**auditor** 名 会計検査官
aud-は「聞く・耳」を表します。
**audio** 名 オーディオ 形 聴覚の
**audience** 名 聴衆
**auditorium** 名 講堂

Ⓑ **pardon** 動 ～を許す・～を免除する 類 excuse, forgive
**pardon / forgive / excuse A for B** AのBを許す

Ⓒ **identify** 動 ～を特定する・～を確認する
**identify A as B** AをBとみなす
類 regard, look on, think of, see, view
**identification** 名 身分証・ID
**identity** 名 身元
**identical** 形 同一の
IDカードはカードに載っている人と所有者が同一人物であることを示すものですね。

Ⓓ **accommodate** 動 1）～に対応する 類 meet, live up to
2）～を収容する
**accommodations** 名 宿泊施設
accommodations は hotel や house の言い換えで Part 7 頻出です。

解答目標タイム 10 秒

**4.** The new manager Mr. Park is ------- of coordinating many kinds of projects.

(A) able
(B) enable
(C) capable
(D) comfortable

□ **manager** 名 管理者・上司 類 supervisor, boss
□ **coordinate** 動 ～を調整する
**coordinator** 名 コーディネーター
□ **a kind of A** Aの一種 類 a sort of A
kind of は副詞句で「まあまあ・多少」という意味で口語でよく使われます。
I kind of want to go.「ちょっと行きたいかな」
The actor was kind of cool.「その俳優はまあまあかっこよかったよ」
□ **project** 名 プロジェクト・事業計画 類 plan
動 ～を投影する・～を予想する
**projector** 名 プロジェクター
**projection** 名 映写・予測

## 4. (C) capable

1. 選択肢には -able のついた語が並んでいます。

2. 空欄の後ろを見ると of doing の形が来ています。

3. この形をとれるのは capable です。be capable of doing で「～できる」という意味になります。able は to do の形をとります。enable は動詞なので、be動詞の後に動詞の原形は置けません。

**訳▶** 新しいマネージャーのパク氏は、様々な種類のプロジェクトをまとめる能力がある。

### Word Network

Ⓐ **able** 形 できる
**be able to do** ～できる 反 be unable to do
**ability** 名 能力

Ⓑ **enable** 動 ～を可能にする
**enable A to do** Aが～できるようにする
通例この形で使われます。

Ⓒ **capable** 形 能力がある 類 competent
**capability** 名 能力
**capacity** 名 能力・容量
最近は日本語でも「キャパが広い／狭い」などと使われるようになってきました。

Ⓓ **comfortable** 形 快適な 反 uncomfortable 不快な
**comfort** 名 快適さ 動 ～を慰める・安心させる

解答目標タイム 15 秒

**5.** Should you need more ------- information, please do not hesitate to contact us.

(A) detailed
(B) derailed
(C) determined
(D) designated

□ **Should S V, = If S should V** 万が一SがVなら
ビジネスレターなどでよく使われる表現で、この Should を入れる問題も出題されたことがあります。

□ **do not hesitate to do** 気軽に〜する 類 feel free to do
**hesitate to do** 〜するのをためらう
**hesitant** 形 気が進まない
**hesitation** 名 ためらい

## 5. (A) detailed

1. 選択肢には de- からはじまる動詞の過去形または過去分詞形が並んでいます。
2. 空欄の前には more、 後ろには information という名詞があることから、後ろの名詞を修飾する形容詞の役割をする過去分詞が入るとわかります。
3. 文意をとると、「もし、より～な情報が必要なときは、お気軽に連絡をください」とあることから、detailed「詳細な」を入れれば「より詳細な情報」となり意味が通ります。

**訳▶** より詳細な情報が必要な場合は、お気軽にご連絡ください。

### Word Network

(A) **detail** 動 ～を詳細に記述する 名 詳細
**in detail** 詳細に

(B) **derail** 動 ～を脱線する・(計画などが) 挫折する
de-「分離」-rail「レール」というのが語源です。

(C) **determine** 動 ～を決める
**determine to do** ～することを決める
類 be determined to do, decide to do
**determined** 形 決心している
**determination** 名 決定
**terminate** 動 ～を終わらせる
termi- は「限界」を表します。terminal は電車の終点を表しますね。

(D) **designate** 動 ～を指定する・～を明示する
**designation** 名 指定・指示
**designated** 形 指定された designated area 指定区域
sign「印をつける」➡「明示する」というのが語源です。

解答目標タイム 20 秒

**6.** The sales representatives at Surlo's Department Store do their utmost to serve their customers in a courteous -------.

(A) bill
(B) remark
(C) manner
(D) progress

□ **sales representative** 販売員
□ **do one's utmost** 最善をつくす 類 do one's best
□ **serve** 動 ～に仕える 類 wait on
□ **courteous** 形 礼儀正しい 類 polite
**courteously** 副 丁重に
**courteousness** 名 礼儀正しいこと
**courtesy** 名 礼儀正しさ
court「宮廷・王室」が語源の単語です。宮廷では礼儀し正しくしなければならないですよね。

**serve系の重要単語**
reserve 動 ～を予約する reserved 形 予約済みの・控えめな
conserve 動 ～を保存する・～を節約する conservative 形 保守的な
preserve 動 ～を保存する preservation 名 保管
observe 動 ～を観察する・遵守する
observation 名 観察
observance 名 遵守

## 6. (C) manner

**1.** 選択肢には名詞が並んでいます。

**2.** 空欄の直前には courteous「礼儀正しい」という形容詞があるので、この語が適切に修飾する名詞を選びます。よって bill「請求書」、progress「進歩」はここには置けません。

**3.** また、前置詞 in があるので manner を入れて in a...manner「～な方法で・～な態度で」とすれば、in courteous manner「礼儀正しい方法(態度)で」となり意味が通ります。

manner は cordial「心からの」、calm「落ち着いた」などとも相性のいい語です。

**訳▶** サーロズ・デパートの販売員は、顧客に丁寧に仕えるよう最善をつくしている。

### Word Network

Ⓐ **bill** 名 請求書・勘定・法案

イギリスではレストランの勘定書を bill といいますがアメリカでは check といいます。

**bill A B** 動 AにBを請求する 類 charge A B

Ⓑ **remark** 名 意見 動 (意見)を述べる

**remark on A** Aについての感想を言う

**remarkable** 形 注目に値する

Ⓒ **manner** 名 方法・態度 類 way

複数形の manners が日本語の「マナー」にあたります。

Ⓓ **progress** 名 進歩 動 前進する

**make progress** 進歩する 反 regress 後退する

**progressive** 形 進歩的な

⏰ 解答目標タイム 25 秒

**7.** Nelson Park is very knowledgeable about the global economy due to the fact that he has ------- a lot of foreign countries.

(A) estimated

(B) toured

(C) renovated

(D) attached

□ **be knowledgeable about** ～に精通している

**knowledge** 名 知識 類 wisdom 名 知恵 wise 形 賢い

□ **global economy** 世界経済

□ **due to～** ～が原因で

due to the fact that SV は because SV のかしこまった表現です。ちなみに、despite the fact that SV は although SVのかしこまった表現です。

□ **foreign** 形 外国の

## 7. (B) toured

1. 選択肢には-edで終わる過去形または過去分詞が並んでいます。
2. 空欄の直前にはhasがあることから、「has＋過去分詞」の現在完了形であることがわかります。
3. 前半部分にはNelsonが世界経済に関する知識があることが、後半部分にはその理由がきています。海外の国々をtour「旅行する」からとすれば意味が通ります。

tourは遊びで旅行をしている時だけでなく、出張などで海外を訪れている時にも使われます。

**訳▶** ネルソン・パークは、多くの国を訪れているので、世界経済に関する知識が豊富だ。

**Word Network**

(A) **estimate** 動 ～を推測する 名 見積もり

**estimation** 名 憶測・見積もり

**estimate A at B**　AをBと見積もる

類 value, assess, appraise

He estimated the cost at $ 3,000.
「彼は費用を3千ドルと見積もった」

受け身の形でもよく使われます

My car was estimated (valued / assessed /appraised) at $4000.「私の車は4千ドルと査定された」

(B) **tour** 動 ～に旅行する

動詞でも使われることを覚えておいてください。

**tour** 名 ツアー・旅行 類 trip, journey

(C) **renovate** 動 ～を改装する 類 refurbish, remodel

**renovation** 名 改装 類 refurbishment

(D) **attach** 動 ～を取りつける

**attach A to B**　AをBに取りつける

反 detach A from B　AをBから取り外す

**attachment** 名 添付ファイル・取りつけること

解答目標タイム 15 秒

**8.** The director level role requires ------- knowledge of computer systems, computer networks, and telecommunications.

(A) excessive

(B) expensive

(C) extensive

(D) expressive

□ **director** 名 指導者・重役

□ **role** 名 役割

**play a role in A** Aで役割を果たす 類 play a part in A

role は役者の台本が roll「巻物」だったことから生まれた語です。

□ **require** 動 ～を要求する

□ **telecommunication** 名 電気通信・テレコミュニケーション

## 8. (C) extensive

**1.** 選択肢には -ive で終わる形容詞が並んでいます。

**2.** 空欄直後の knowledge「知識」を修飾する語がここに入るので expensive「値段が高い」、expressive「表現の」は置けません。

**3.** 文意をとると、「重役クラスの人には〜な知識が要求される」とあるので、excessive「過度の」ではマイナスの表現になってしまい変です。extensive「幅広い」であれば、プラスの表現なので意味が通ります。

**訳▶** 重役級の仕事には、コンピューター・システム、コンピューター・ネットワーク、テレコミュニケーションに関する幅広い知識が要求される。

### Word Network

Ⓐ **excessive** 形 過度の　**excess** 名 超過
**exceed** 動 〜を超える
ex-「外へ」-ceed「進む」というのが語源です。

Ⓑ **expensive** 形 値段が高い
反 inexpensive 安い cheap, low-priced, affordable, reasonable
**expense** 名 費用・出費 類 expenditure, cost
**expend** 動 〜を費やす
spend は expend の頭の音が落ちた語です。

Ⓒ **extensive** 幅広い
**extent** 名 広さ・範囲　to some extent ある程度は
**extend** 動 〜を伸ばす・延長する
**extension** 拡張・内線
ex-「外へ」に tend「伸ばす」というのが語源です。内線の意味で ext. という略語も使われます。

Ⓓ **expressive** 形 表現の・表現豊かな
**express** 動 〜を表す
**expression** 名 表現
ex-「外へ」press「押す」➡ 感情を外に出す。

解答目標タイム 15 秒

**9.** ZLG Net donated ------- owned computers to elementary schools located in Alaska.

(A) previously
(B) strictly
(C) accidentally
(D) generally

□ **donate** 動 ～を寄付する
**donation** 名 寄付
□ **own** 動 ～を所有する 形 自身の
on one's own「自分自身で」というイディオムも覚えてください。
□ **computer** 名 コンピューター
ちなみに PC は通常 Windows が搭載されているパソコンのことをいい、Macintosh が内蔵されているのは MAC になります。
**compute** 動 ～を計算する 類 calculate
**computation** 名 計算 類 calculation
□ **elementary school** 小学校
□ **elementary** 形 基本の
**element** 名 要素
□ **be located in A** A にある
本問題では分詞で後から school を修飾しています。

## 9. (A) previously

**1.** 選択肢には -ly で終わる副詞が並んでいます。

**2.** 文中の動詞は donated なので、owned は動詞ではなく「所有された」という意味の過去分詞になり、後の名詞 computers を修飾しています。owned computers だけでは意味が成り立たないので、前に owned を適切に修飾する副詞が必要になります。選択肢の中で owned を適切に修飾できるのは previously「以前に」です。直前の donated ではなく、直後の owned を修飾していることに気がつけるかがカギです。

**訳▶** ZLG ネットは、アラスカにある小学校に中古のコンピュータを寄付した。

### Word Network

Ⓐ **previously** 副 以前に
**previous** 形 以前の 類 former

Ⓑ **strictly** 厳しく・厳密に
**strict** 形 厳しい
**restrict** 動 ～を制限する 類 limit
**restriction** 名 制限 類 limitation

Ⓒ **accidentally** 副 偶然に・うっかり
**accidental** 形 偶然の
**accident** 名 偶然・事故

Ⓓ **generally** 副 一般的に
**general** 形 一般の
**generate** 動 ～を生む・～を造り出す
**generation** 名 世代

解答目標タイム 20 秒

**10.** Mr. Ferguson clings ------- to the idea that unless the employees are trained by tomorrow, he won't be able to open the store on time.

(A) persuasively
(B) persistently
(C) moderately
(D) numerically

□ **cling to A** Aにこだわる 類 stick to A Aにこだわる・Aに忠実である
**adhere to A** Aを忠実に守る 類 be adhered to A
どれもtoがつくのでまとめて覚えましょう。

□ **idea that SV** SVという考え
**ideal** 形 理想的な

□ **unless SV** 接 SがVしない限りは
**unless otherwise** ～のない限り

□ **train** ～を訓練する

□ **on time** 時間ちょうどに

**unless＋otherwiseの重要表現**
unless otherwise noted「特に断りのない限り」
unless otherwise specified「他に特に規定がされない限り」
unless otherwise stated「特に明記されない限り」
unless you notify me otherwise「違ったふうに連絡をくれない限りは」
Everyone is innocent until the evidence proves otherwise.
「証拠によって（そうではないと）証明されない限りは皆は無実である」
のようにuntilも使われます。

## 10. (B) persistently

**1.** 選択肢には -ly で終わる副詞が並んでいます

**2.** 空欄の前後を見ると、cling to A「A にこだわる」の動詞と前置詞の間に入る副詞を選ぶ問題だとわかります。

「こだわる」という動詞を適切に修飾するのは persistently「一貫して・しつこく」です。

**訳▶** ファーガソン氏は、明日までに従業員のトレーニングをしない限り、店を時間通りに開店できないという考えに一貫してこだわっている。

**Word Network**

Ⓐ **persuasively** 副 説得力を持って

**persuasive** 形 説得力のある

**persuade A into doing** Aに～するよう説得する

類 persuade A to do, convince A to do

類義表現のpersuade A into doing も有名ですがあまり使われません。

talk A into doing はよく使われます。

Ⓑ **persistently** 副 しつこく・根気よく

**persistent** 形 しつこい・根気のよい

**persist in A** Aに固執する・Aを貫き通す

per-「ずっと」-sist「立つ」➡「立場を貫く」というのが語源です。

Ⓒ **moderately** 副 ほどよく

**moderate** 形 穏やかな・適度の 動 ～を和らげる・～の司会をする

**moderate a meeting** 会議の司会をする

**moderator** 名 司会者・議長

Ⓓ **numerically** 副 数量的に・数の上で

**numerical** 形 数の

**numeral** 形 数の 名 数

**number** 名 数

| 設問 | 正解 | 不正解 |
|---|---|---|
| 1 address | 似たような意味の語でも自動詞・他動詞をきちんとわかって覚えています。 | 日本語訳にのみ頼るのではなく自動詞と他動詞を意識しながら覚えていく必要があります。 |
| 2 application | 基本的な動詞と目的語との関係がわかっています。 | 基本的な動詞とそれと相性のいい目的語を一緒に覚えていきましょう。 |
| 3 identify | レベルの高い動詞の意味がわかっています。すごいです！ | 基本的な単語を知っているなら、レベルの高い語も覚えてさらなるレベルUPを目指しましょう。 |
| 4 capable | 前置詞と名詞の相性が理解できています。 | 前置詞と名詞のセットフレーズを覚えるよう心がけてください。 |
| 5 detailed | 基本的な語の使用法がわかっています。 | 基本的な語は日本語訳だけでなく使い方を覚えていくことを心がけましょう。 |
| 6 manner | 修飾語と修飾される語の相性がきちんと理解できています。 | 修飾語と修飾される語の相性も覚えていきましょう。 |
| 7 toured | 意外な意味を持つ単語もきちんと覚えています。 | 普段見慣れている単語に意外な意味や用法がある場合はチェックしておきましょう。 |
| 8 extensive | 見た目の似ている語もきちんと区別して覚えられています。 | 見た目が似ている単語は、まとめて覚えることで忘れにくくなるので、まとめて覚える努力をしましょう。 |
| 9 previously | 基本的な副詞の意味と用法がわかっています。 | 基本的な副詞の意味とその用法を覚えるよう心がけてください。 |
| 10 persistently | 難しい副詞の意味がわかっています。すばらしいです! | 基本的な単語を知っているなら、さらに難しい形容詞や副詞（修飾語）も覚えていきましょう。 |

接辞は選択肢の品詞が何なのかを特定する時にとても役立ちます。ここにあげたものは是非覚えておきましょう。

**動詞化接尾辞**

| | | | |
|---|---|---|---|
| -ify/-fy | clarify | ～を明らかにする | clear「明らかな」+ -ify |
| -ize | categorize | ～を分類する | category「カテゴリー」+ ize |
| -en | broaden | ～を広げる | broad「広い」+ -en |

**名詞化接尾辞**

| | | | |
|---|---|---|---|
| -ance/-ence | residence | 住居 | reside「住む」+ -ence |
| -ency/-cy | fluency | 流暢さ | fluent「流暢な」+ -ency |
| -ity/-ty | probability | 可能性 | probable「ありそうな」+ -ity |
| -ion | organization | 組織 | organize「～を組織する」+ -ion |
| -ment | enjoyment | 楽しみ | enjoy「～を楽しむ」+ -ment |
| -ness | kindness | やさしさ | kind「やさしい」+ -ness |
| -th | strength | 強さ | strong「強い」+ -th |
| -ology 学問 | psychology | 心理学 | psycho-「心の」+ -ology |
| -ant/-ent 人 | assistant | アシスタント | assist「～を支援する」+ -ant |
| -er/-or/-eer 人 | interpreter | 通訳者 | interpret「～を通訳する」+ -er |
| -ee される人 | employee | 被雇用者 | employ「～を雇う」+ -ee |
| -an/-ian 人 | musician | ミュージシャン | music「音楽」+ -ian |
| -ist 人 | pianist | ピアニスト | piano「ピアノ」+ -ist |
| -gram/-graph/-graphy | biography | 伝記 | bio-「生命」+ -graphy |

**形容詞化接尾辞**

| | | | |
|---|---|---|---|
| -able/-ible できる・すべき | reliable | 信頼できる | rely「頼る」+ -able |
| -ic | economic | 経済の | economy「経済」+ -ic |
| -al | economical | 経済的な | economic「経済の」+ -al |
| -ful 満ちた | peaceful | 平和な | peace「平和」+ -ful |
| -ish | childish | 子どもっぽい | child「子ども」+ -ish |
| -less ～ない | doubtless | 疑いのない | doubt「疑い」+ -less |
| -ous | dangerous | 危険な | danger「危険」+ -ous |
| -ive | supportive | 協力的な | support「～を支える」+ -ive |
| -ant/-ent | pleasant | 心地よい | please「～を喜ばせる」+ -ant |
| -ory | advisory | 忠告の | advise「～に忠告する」+ -ory |
| -y | cloudy | 曇りの | cloud「雲」+ -y |

Challenge!

# 第8章
# 挑戦！
# 超ハイスコアレベル問題 10

ここで差がつく！
わからなくても
あきらめない

ハイスコアレベル問題、10問です。

**10問 × 20秒 = 200秒（3分20分）**

以内で解きましょう。

中・上級者は、「解答目標タイム」の

合計170秒（2分50秒）以内

を目指してください。

解答目標タイム 20 秒

1. Ms. Rogers is proud of being an accountant at Lipton LLP, one of the most ------- law firms in San Diego.

(A) numerous
(B) tremendous
(C) anxious
(D) prestigious

□ **be proud of A**　Aを誇りにしている
類 take pride in A, pride oneself on A
**be proud to do**　〜することを誇りに思う
**be proud that SV**　SがVすることを誇りにしている
□ **accountant**　名 会計士
□ **LLP** = Limited Liability Partnership　有限責任事業組合
□ **law firm**　法律事務所

## 1. (D) prestigious

**1.** 選択肢には -ous で終わる形容詞が並んでいます。

**2.** 空欄の前には most があるので、最上級の形容詞句が後ろの名詞 law firms「法律事務所」を修飾することがわかります。Ms. Rogers は自分が会計士であることに誇りを持っているので、空欄に入り法律事務所を適切に修飾する形容詞はプラスの意味を持たなければなりません。選択肢でプラスの意味を持つのは prestigious「一流の」です。

**訳▶** ロジャーズさんは、サンディエゴで最も高名な法律事務所の1つであるリプトン LLP の会計士であることを誇りに思っている。

### Word Network

A **numerous** 形 数の多い
**number** 名 数
**numerical** 形 数の

B **tremendous** 形 巨大な 類 enormous, huge, vast
**tremendously** 副 ものすごく
**tremble** 動 震える 類 shiver, quiver, quake
tremendous は震えるくらい「恐ろしい・すさまじい・莫大な」という意味です。

C **anxious** 形 不安な
**be anxious about A** ～を心配している 類 be worried about A
**be anxious for A** A を切望する 類 be keen for A, be eager for A
後ろにつく前置詞で意味が変わるので注意です。
**be anxious to do** ～をしたいと思う
類 be keen to do, be eager to do

D **prestigious** 形 一流の・名声のある
**prestige** 名 名声・威厳

解答目標タイム 20 秒

**2.** Mr. Albert implied that there is a possibility that the current economic situation will ------- even further.

(A) separate

(B) deteriorate

(C) accelerate

(D) slate

□ **imply** 動 ～をほのめかす 類 hint, suggest
**implication** 名 含意
□ **possibility that SV** SがVする可能性
**possible** 形 可能性のある 類 potential
□ **current** 形 現在の 類 present
**currently** 副 現在
□ **economic** 形 経済の
**economics** 名 経済学
□ **situation** 名 状況
類 condition, state, circumstances, surroundings, environment
circumstances と surroundings には -s がつきますので注意しましょう。
**situate A**＋前置詞句 Aを～に置く 類 place, put
**be situated**＋前置詞句 ～にある 類 be located＋前置詞句
□ **further** 形 さらに遠い
動 ～を促進する 類 encourage, promote, forward

## 2. (B) deteriorate

**1.** 選択肢には -ate で終わる動詞が並んでいます。

**2.** 空欄の後ろには even further「さらに」という副詞句があるだけなので、目的語となる名詞を必要とする他動詞の separate、slate はここに置けません。

**3.** accelerate には自動詞で「速度を増す」という意味がありますが、economic situation「経済状況」を主語にとりません。したがって、deteriorate「悪化する」が正解です。

**訳▶** アルバート氏は、現在の経済状況がさらに悪化する可能性があることをほのめかした。

### Word Network

A **separate** 動 ～を分ける 形 別々の
**separate A from B** BとAを区別する・切り離す
**tell A from B** AとBを見分ける・区別する
類 distinguish A from B
**separation** 名 分離・区別

B **deteriorate** 動 悪化する
**deterioration** 名 悪化 類 decline, regression, degradation

C **accelerate** 動 ～を速める 類 hasten, quicken 反 decelerate
**acceleration** 名 加速
日本語のアクセルは accelerator もしくは gas (pedal)といいます。アメリカでアクセルを踏むことは step on the gas といいます。

D **slate** 動 ～の予定を立てる
**be slated to do** ～する予定になっている 類 be scheduled to do
**be slated for A** Aの予定になっている 類 be scheduled for A
ブログで紹介したらその週の TOEIC Part 7 に登場して驚いた単語です。slate は黒板の材料の粘板岩のことです。黒板に予定を書くことから「予定を立てる」となりました。

解答目標タイム 15 秒

**3.** The plunge in the price of CTM's stock is a sign of an ------- financial disaster in Japan.

(A) impending

(B) admonishing

(C) assuming

(D) officiating

□ **plunge** 名 急落 動 急落する・突っ込む・飛び込む

□ **stock** 名 株 類 shares

**stock market** 株式市場

**stock holder** 株主 類 share holder

□ **sign** 名 兆候・印・標識

□ **financial** 形 財政の・財務の

**finance** 名 財政

**financing** 名 資金調達・融資

□ **disaster** 名 災害・惨事

**disastrous** 形 悲惨な

dis-「分離」aster「星（star）」➡「星に見放された」という意味からできた語です。

## 3. (A) impending

**1.** 選択肢には動詞の -ing形が並んでいます。

**2.** 空欄の前には冠詞のan、後ろにはfinancial disaster「経済危機」という名詞が来ています。

よって、この名詞を適切に修飾する語を選びます。impending「差し迫った」という形容詞であれば、「差し迫った経済危機」となり意味が通ります。

impend「差し迫る」という動詞もありますがimpendingで形容詞として使われることのほうが多い語なので、impendingで覚えましょう。

**訳▶** CTM社の株価が急落したことは、日本の経済危機が迫っている兆候だ。

### Word Network

Ⓐ **impending** 形 目前の・差し迫った
類 approaching, imminent, immediate

Ⓑ **admonish** 動 ～に勧告する・～を穏やかにしかる
類 warn, reprimand, scold

Ⓒ **assume** 動 1）～と仮定する 類 suppose
2）（義務や責任）を負う・担う 類 take on

**assume the responsibility for ～** ～の責任を負う

Part 7でbe responsible forに言い換える問題が出題されました。

Ⓓ **officiate** 動 ～を執行する・職務を行う

Mr. Slater officiated as chairperson at the meeting.
「スレーター氏は会議で司会を務めた」

「審判を務める」という意味もあります。

**official** 形 公の・公式の

解答目標タイム 15 秒

**4.** The CEO, Leon Williams, would rather reduce staff through an early retirement program than ------- forced layoffs.

(A) requirement
(B) compliment
(C) implement
(D) improvement

□ **CEO** = Chief Executive Officer　最高経営責任者
**CFO** = Chief Financial Officer　最高財務責任者

## 4. (C) implement

1. 選択肢には -ment で終わる語が並んでいます。

2. 空欄の後ろを見ると forced layoffs という名詞が来ています。空欄に名詞を置くと、名詞が2つ並んでしまうのでおかしいです。よって、forced layoffs を目的語にとる動詞が来ると考えます。 また、would rather $V_1$ than $V_2$「$V_2$するよりは $V_1$したい」の構文であると気がつけば、空欄に動詞が入ることがわかります。

3. -ment は通常名詞ですが、選択肢の中で implement「～を実行する」、compliment「～に賛辞を述べる」は動詞になれます。compliment は通常「人」を目的語にとるので今回は置けません。よって implement が正解です。

**訳▶** 最高経営責任者レオン・ウィリアムズは、強制的に解雇するよりも早期退職計画により人員を削減したいと思っている。

**Word Network**

Ⓐ **requirement** 名 必要条件・資格

通常複数形 requirements の形で使います。

**require A to do** Aに～することを要求する

**required** 形 必須の 類 mandatory, compulsory

Ⓑ **compliment** 名 褒め言葉 動 ～に賛辞を述べる

complement「補足」と同じ発音です。

**compliment 人 on A** 人のAを褒める

congratulate「～に祝辞を述べる」も congratulate 人 on A「人にAのことで祝辞を述べる」の形をとります。

Ⓒ **implement** 動 ～を実行する

類 carry out, practice, execute, fulfill 名 道具

**implementation** 名 実施

Ⓓ **improvement** 名 改良・改善

**improve** 動 ～を改善する・～を改良する 類 polish 動 ～を磨く

解答目標タイム 15 秒

**5.** The committee was ------- in adopting the proposal Ms. Celosia put forward.

(A) continuous

(B) conspicuous

(C) infamous

(D) unanimous

□ **committee** 名 委員会

**commit** 動 ～に捧げる・～に委託する・(罪) を犯す

-mit で終わる重要語はたくさんあります。

remit ～を送金する　　permit ～を許す

admit ～を認める　　summit 頂上

□ **adopt** 動 ～を採用する

adapt A to B「AをBに適合させる」の adapt と混同しやすい単語です。

**adoption** 名 採用

**opt** 動 選ぶ

**option** 名 選択 類 choice

option to do / option of doing ～するという選択

□ **proposal** 名 提案 類 suggestion

**propose** 動 ～を提案する 類 suggest

## 5. (D) unanimous

**1.** 選択肢には -ous で終わる形容詞が並んでいます。

**2.** 主語には committee「委員会」が、空欄の直前には was、後ろには in adopting という in+doing の形が来ています。このことから、be unanimous in doing「満場一致で～する」の形をとる unanimous が正解だとわかります。

**訳▶** 委員会は、セロシアさんが出した提案を満場一致で採択した。

### Word Network

Ⓐ **continuous** 形 継続的な 類 continual

絶え間なく続く場合は continuous、断続的に続く場合は continual を使う傾向があります。

**continue** 動 続く・～を続ける

Ⓑ **conspicuous** 形 目立った・明白な 反 inconspicuous 目立たない

conspicuous「目立った」は良くない意味で使われることが多いです。

Ⓒ **infamous** 形 不名誉な

「有名ではない」という意味にはならないので注意です。

**famous** 形 有名な

**fame** 名 名声

Ⓓ **unanimous** 形 満場一致の

**be unanimous for A** Aに満場一致で賛成する

**unanimously** 副 満場一致で

un-「1つ」animous「心」➡「心が1つになる」というのが語源です。

解答目標タイム 15 秒

**6.** Mr. Tyler is so ------- a business leader that everybody is willing to follow his orders.

(A) prominent
(B) subsequent
(C) adjacent
(D) stringent

□ **business leader** ビジネスリーダー
□ **be willing to do** 進んで～する 反 be unwilling to do
□ **follow** 動 ～に従う
**following** 形 次の 前 ～にひき続いて
□ **order** 名 命令・注文・順序 動 ～を命じる・～を注文する
**orderly** 形 きちんとした
**in order** 順番に
The clerk arranged the shoes in order of size.
「店員は靴をサイズ順に並べた」

## 6. (A) prominent

1. 選択肢には -ent で終わる形容詞が並んでいます。

2. 空欄の前後を見ると so ------- a business leader「so＋形容詞＋冠詞＋名詞」の形があり、後ろには that 節が来ているので、so〜that SV「とても〜なのでSV」の構文だとわかります。

3. that 節には「皆が命令に進んで従う」とあることから prominent「卓越した」が正解だとわかります。

so/too/as を含む名詞句は、「so (/too/as) ＋形容詞＋名詞」の語順になります

**訳▶** タイラー氏はとても卓越したビジネスリーダーなので、皆彼の指示に進んで従う。

### Word Network

Ⓐ **prominent** 形 卓越した
類 distinguished, outstanding, eminent, excellent
**prominently** 副 顕著に

Ⓑ **subsequent** 形 その後の
**subsequently** 副 その後
**sequence** 名 連続・順番
sub-「下に」sequent「続く」というのが語源です。

Ⓒ **adjacent** 形 隣接した 類 close, next, contiguous
The lodge is adjacent to the ski slope.
「山荘はスキー場に隣接している」

Ⓓ **stringent** 形 厳しい 類 strict, stern, severe
**stringent measure** 厳しい措置
4つともスペルが似ているのでまとめると覚えやすいですし、sturdy「丈夫な」、strong「強い」なども str- が入るのでイメージしやすいですね。

解答目標タイム 15 秒

**7.** The Mettire Institute has been leasing ------- tools to local laboratories these past couple of years.

(A) versatile

(B) credential

(C) recurrent

(D) absolute

□ **institute** 名 協会・機関 （類 institution） 動 〜を制定する

□ **tool** 名 道具

Part 1 でよく登場します。

□ **local** 形 地元の

□ **laboratory** 名 実験室

□ **these 〜 years** ここ〜年

□ **couple of A** 2 つの A・2、3 の A

**貸し借りを表す表現**

**lease A B** 動 A に B を貸す 類 lease B to A

**loan A B** 動 A に B を貸す 類 loan B to A

**lend A B** 動 A に B を貸す 類 lend B to A

**borrow A from B** B から A を借りる

**rent** 動 〜を（お金を払って）借りる 名 家賃・賃借料

**debt** 名 借金 類 liabilities 名 負債 outstanding 名 未払いの負債

## 7. (A) versatile

1. 選択肢には難易度の高い形容詞が並んでいます。

2. 空欄の直後に名詞 tools「道具」があるので、この語を適切に修飾する語を選びます。versatile「用途の広い」を入れると versatile tool「用途の広い道具」となり意味が通ります。

訳▶メディア協会はここ2、3年、用途の広い道具を地元の実験室に貸し出している。

### Word Network

A **versatile** 形 用途の広い・多才な

**versatile facility** 多目的施設

**versatile writer** 多才な作家

**versatilely** 副 多才に

**versatility** 名 多才

B **credential** 形 信用証明の

**credentials** 名 証明物・資格 類 certificate

この言い換えを知らないと解けないものが Part 7 に出たことがあります。

**certify** 動 ～を認定する・～を保証する

**credit** 名 信用・信用貸し 動 ～を信じる

C **recurrent** 形 再発する・頻発する

**recurrence** 名 再発

**recur** 動 再発する

re-「また」、-cur「起こる」、つまり occur again という意味です。

D **absolute** 形 完全な・絶対的な

**absolutely** 副 完全に

「もちろんです！ その通りです！」という意味になる副詞は、Part 2 によく出てくるので、聴き取れるようにしておくことが重要です。absolutely、certainly、definitely、precisely なども似た表現です。

解答目標タイム 20 秒

**8.** After a week-long -------, the entrepreneur Kevin Miyata has announced his intention to establish a new chain of restaurants in Switzerland.

(A) deliberation
(B) prescription
(C) connection
(D) precondition

□ **a week-long** 1週間の
□ **entrepreneur** 名 起業家
**enterprise** 名 企業・冒険的な事業 類 venture ベンチャー（企業）
venture は adventure の ad- の音が消えたものです。
□ **intention** 名 意思
□ **intention to do** ～をするという意図
**intend to do** ～するつもりだ
□ **establish** 動 ～を設立する 類 found
□ **chain** 名 チェーン店・鎖

## 8. (A) deliberation

**1.** 選択肢には -ion で終わる名詞が並んでいます

**2.** 文意をとると、「起業家のケビン・ミヤタが新しいレストランチェーンをオープンする意向を1週間〜の後に発表した」とあります。この文脈に合うのは deliberation「よく考えること・熟考」です。

**訳▶** 起業家ケビン・ミヤタは、1週間よく考えた後、スイスに新しいレストランのチェーン店を創設する意向を発表した。

### Word Network

Ⓐ **deliberation** 名 熟考 類 consideration

**deliberate** 形 1)慎重な 類 careful
2)意図的な 類 intentional

**deliberately** 副 1)慎重に 類 carefully
2)わざと 類 intentionally, purposely, on purpose

「よく考えて」行動することは、「慎重に」行動するということです。また、「考えて」行動するということは「意図的に」その行動をとるということですね。

Ⓑ **prescription** 名 処方せん・処方

**prescribe** 動 処方する

Ⓒ **connection** 名 つながり・接続

**connect** 動 〜をつなぐ 類 link

**connect A to(/with) B** AとBをつなぐ

Ⓓ **precondition** 名 前提条件

pre-「前」condition「条件」というのが語源です。

解答目標タイム 15 秒

**9.** According to the company newsletter, the ------- from England is slated to arrive next month.

(A) obligation

(B) proportion

(C) instruction

(D) delegation

□ **according to A**　Aによると

□ **company newsletter**　社内報・社内誌

□ **be slated to do**　～する予定になっている　類 be scheduled to do

## 9. (D) delegation

1. 選択肢には -ion で終わる名詞が並んでいます。

2. 空欄には is slated to arrive「到着する予定になっている」の主語になる名詞が入ります。「到着する」のは「人」なので delegation「派遣団」が正解です。

**訳▶** 社内報によると、イングランドからの派遣団は、来週到着する予定になっている。

### Word Network

A **obligation** 名 義務

**obligate A to do** Aに～させる 類 compel A to do, force A to do

**obligatory** 形 義務の

類 mandatory, compulsory, required 反 optional

mandate that SV原形「SがVするよう命じる」も出てきたことがあるので覚えておきましょう。

B **proportion** 名 割合

プロポーションがいいというのは体のパーツの割合がいいということですね。

**proportional** 形 比例した・釣り合った

**portion** 名 部分

C **instruction** 名 指示

**instruct** 動 ～に指示する・～に教える

**instructor** 名 インストラクター

**instructive** 形 ためになる・勉強になる

in-「中に」struct「建てる」➡「心の中に築き上げる」というのが語源です。

D **delegation** 名 使節団・派遣団

**delegate** 名 代表・委員
動 ～を代表に任命する・～を派遣する・～を委任する

delegation は集団を、delegate は個々人を表します。

解答目標タイム 20 秒

**10.** Basically, all the members of the board are ------- responsible for any decisions made or actions taken.

(A) collectively

(B) steeply

(C) tangibly

(D) ambiguously

□ **basically** 副 基本的に

□ **board** 名 委員会

もちろん「板」の意味もあります。

**bulletin board** 掲示板

**billboard** 名 (屋外の) 広告板

□ **be responsible for A** Aに責任がある 類 be in charge of A

decisions made、actions taken は過去分詞が名詞を後ろから修飾しています。能動態にすると make a decision「決定する」、take an action「行動を起こす」です。

他にもsurveyed「調査対象となった」、questioned「質問を受けた」などは後ろから修飾する過去分詞として有名です。

The people surveyed (/questioned) were aged between 20 and 50.

「調査を受けた人々は 20歳から 50歳です」

## 10. (A) collectively

**1.** 選択肢には -ly で終わる副詞が並んでいます。

**2.** 空欄は are と形容詞 responsible「責任がある」の間にあるので、responsible を適切に修飾する副詞を選びます。(A) collectively「集合的に・連帯して」を入れれば、the members ... are collectively responsible「メンバーは連帯して責任を負う」となり意味が通ります。

**訳▶** 基本的に委員会のメンバーは皆、下した決定や、取った行動に対し連帯責任を負う。

### Word Network

Ⓐ **collectively** 副 集合的に
**collective** 形 集合的な
**collect** 動 〜を集める
correct「正しい・〜を訂正する」と混同しないようにしましょう。
**collection** 名 収集

Ⓑ **steeply** 副 急（角度）に
**steep** 形 険しい・急な

Ⓒ **tangibly** 副 明白に
**tangible** 形 明白な・明確な 類 clear, obvious, evident, distinct
具体的な 類 concrete
tang-「触れる」-ible「できる」➡「触れることができる」という語源から現実の（real）、明白な（clear）という意味が生まれました。

Ⓓ **ambiguously** 副 漠然と 類 vaguely
**ambiguous** 形 あいまいな・多義の
vague はぼんやりとした曖昧さを表し、ambiguous はいろいろな意味に解釈できてしまう曖昧さを表します。「黒い服を着た犬」は「〈黒い服〉を着た犬」と「黒い〈服を着た犬〉」の２つの解釈があります。こういった状況を ambiguous といいます。

# Index

B

F

## H



## I

M

P

T

## 著者紹介


**森田鉄也**（もりた・てつや）

TOEIC® 専門校エッセンス イングリッシュ スクール講師。元大手予備校講師。慶應義塾大学文学部英米文学専攻卒業、東京大学大学院人文社会系研究科言語学修士課程修了。アメリカ留学中に英語教授法TEFLを取得。TOEIC® 990点満点、TOEIC® スピーキング・ライティングテスト各200点満点、英検1級、TOEFL660点、日本語教育能力検定試験合格。著書に『新 TOEIC® TEST 単語特急 2』『新 TOEIC® TEST 熟語特急』（小社）共著書に『TOEIC® テスト新・最強トリプル模試1［改訂新版］』、『TOEIC® テスト新・最強トリプル模試2［改訂新版］』（以上、ジャパンタイムズ）『新 TOEIC® TEST 文法・語彙問題秒速解答法』（語研）など多数ある。

ブログ運営：TOEIC 満点&アメリカブログ

http://toeicjuken.seesaa.net/

メルマガ：　TOEIC 予想問題演習マガジン

http://www.mag2.com/m/0000288072.html



1駅1題

新 TOEIC® TEST 単語特急

2009年10月30日　第1刷発行

2013年 1 月30日　第10刷発行

著　者　森田 鉄也

発行者　小島 清

装　丁　川原田 良一

本文デザイン　コン トヨコ

イラスト　cawa-j ☆かわじ

印刷所　大日本印刷株式会社

発行所　朝日新聞出版

〒104-8011　東京都中央区築地5-3-2

電話 03-5541-8814（編集）03-5540-7793（販売）





Published in Japan by Asahi Shimbun Publications Inc.

ISBN 978-4-02-330461-1

定価はカバーに表示してあります。

落丁・乱丁の場合は弊社営業部（電話03-5540-7800）へご連絡ください。

送料弊社負担にてお取り替えいたします。